実施する順に
解説！

NEW BUSINESS DEVELOPMENT

「新規事業開発」
実践講座

山崎伸治 Yamasaki Shinji

日本実業出版社

― はじめに ―
「新規事業開発」に取り組む全ての皆さんに

皆さん、はじめまして！

　本書を手にとってくださったあなたは、「新規事業開発」に関心が
ある、あるいは現在、新規事業に関わっていらっしゃる方ではないで
しょうか。

　大企業の社長・役員、あるいは「新規事業開発」の担当者という立
場にいらっしゃる方でしょうか。
　中小企業やスタートアップ企業の社長さんでしょうか。
　起業・独立をお考えの方、はたまた学生さん？
　経営者のサポートをされている士業、コンサルタントなど、専門家
の皆さんかも知れません。

　まだ世の中にない、新しい価値を創造する「無から有を生み出す力」
「ゼロイチ発想力」。

　そんな神のような力はどうやったら持てるのか？
　果たして、自分にもできるのだろうか？
　そもそも「新規事業開発」とは？
　一般化が可能なものなのだろうか？
「0→1（ゼロイチ）」は苦手だけど、出来上がっているものを改善
したり価値向上を行なう、「1→10（イチジュウ）」ならば得意なん
だけれど……。

「新規事業開発」というテーマを目の前にして、少し不安に思ってし
まう方もいらっしゃるかも知れません。

1

ご安心ください！　皆さん、心配ご無用です！

「新規事業開発」は、特別な人にしかできない特別なものではありません。

　本当は、誰にでも「新規事業開発」の能力が備わっています。

　ただ皆さんが、そのステップを知らないだけなのです。

　本書は「新規事業開発」について取り組むべきことを順を追って整理しながら、その取り組むべきステップごとに分解し、わかりやすく具体的に解説している、「新規事業開発」の実践講座の本です。

「新規事業開発」に、これまで関わったことのない方でも理解できるように、極めてシンプルに説明しています。

　苦手意識を捨てて、この本のステップに従いながら、あなたならではの「新規事業開発」を目指して一緒に学び実践につなげていきましょう。

　日本では2006年から人口減少社会といわれています。

　人口減少期には国力が落ちる傾向にあります。

　人口減少期に国力を維持できた国は、歴史を振り返ってみても、ルネサンス期のイタリアくらいといわれています。

　日本は、このままでは確実に国力を落としてしまうでしょう。

　日本ならではの新たな「成長ドライバー」が今、早急に求められているのです。

　メタバース、ブロックチェーン、ロボット、AIなど、技術の進歩がもたらす「新たな時代の波」が訪れていることも感じられます。

　追いつけ追い越せの時代は終わり、新たな価値を創造していかなければ世界的競争の中で日本は生き残れない、そんな時代が来ています。

　今こそ、日本には「新規事業開発」が必要なのです。

　これまでの常識をゼロリセットして、新たな発想で、新たな価値を共に生み出していきましょう。

私は京都大学経済学部卒業後、長銀（日本長期信用銀行）、スイス銀行系投資銀行、米国系戦略コンサルティング会社ベイン＆カンパニーを経て、自ら起業しました。

５年で上場しましたが、その後、上場廃止も経験したという、極めて特異なキャリアの持ち主です。

成功と失敗のまさに「ジェットコースター人生」です。

その極めて特異なキャリアを活かして、現在、私は15社の大企業の "**経営参謀**" として、「経営戦略の立案・新規事業開発」などのお手伝いをしています。

大企業とスタートアップ企業とのコラボレーションでの「新規事業開発」や「オープンイノベーション」も数多くリードしてきました。

また、東京の表参道・原宿エリアで40社以上のスタートアップ企業と共に【東京都認定インキュベーション施設・サクラサク】を運営しています。

そして、３つの投資ファンドを組成し、25社のスタートアップ企業の投資育成、上場支援を行なっています。

まだ起業したばかりのスタートアップ企業から世界で活躍する大企業まで、とにかく様々な形の「新規事業開発」を、たくさんの失敗と共に経験しています。

新規事業は多産多死といわれています。

残念ながら、ほとんどは失敗するのです。

数多くの失敗を繰り返してきた、私自らの実戦経験から、「新規事業開発」の成功確率を上げるために、最も重要だといえることはただ一つです。

今、やるべきことを「**真面目にコツコツしっかりやる**」。

ただ、これだけです。

3

誰もが全く思い付かないようなすごいアイディアが、いきなり閃（ひらめ）く わけなどありません。

　また、誰でも必ず成功するような「新規事業開発」など、そもそも どこにもありません。

　しかし、「新規事業開発」の成功確率を上げるためにやるべきこと はたくさんあります。それをただ、真面目にコツコツと積み上げてい くことが重要なのです。

　本書で、一緒にそのノウハウを学んでいきましょう。

「新規事業開発」の能力は、ビジネスマンにとって普遍的に必要とさ れる能力です。視座を上げて、俯瞰（ふかん）して、事業をどう捉えるのかを考 える、まさに経営に必要な能力なのです。

「社内起業家的発想」は、これからの時代どんな企業においてもます ます求められていきます。

　ぜひ、あなたも「新規事業開発」における知識を高め実戦力を磨き、 「ビジネス戦闘力」を高めてください。

　そして共に、日本企業が世界を席巻する、そんな未来を実現してい きましょう！

2024年9月吉日

山崎　伸治

本書では、一人起業家から大企業まで、普遍的に使える「新規事業開発」の技術 を解説しています。スタートアップ企業も中小企業も大企業も、それぞれの強み、 特徴を活かして足りない部分を補い、コラボレーションを促進することで「新た な価値創造」ができるように、ステップごとに学んでいきましょう。

New Business Development 目次

はじめに

第 1 章

新規事業開発の意味・目的を整理する

(1 - 1)「新規事業」を定義する ‥‥‥‥‥‥‥‥‥‥‥‥‥‥‥‥‥ 12

(1 - 2)「新規事業開発」が今必要な理由を理解する ‥‥‥‥‥‥‥ 15

(1 - 3)「新規事業開発」の意味と目的を考える ‥‥‥‥‥‥‥‥‥ 19

(1 - 4)「既存事業」と「新規事業」を正しく位置づける ‥‥‥‥‥‥ 23

第 2 章

新規事業を成功させるコツを理解する

(2 - 1)「新規事業」が失敗する３つの原因を潰す ‥‥‥‥‥‥‥‥ 26

(2 - 2)「成功する新規事業の共通点」を把握する ‥‥‥‥‥‥‥‥ 37

(2 - 3)「新規事業開発」のアプローチ方法を選定する ‥‥‥‥‥‥ 44

(2 - 4)「新規事業開発」の戦略を策定する ‥‥‥‥‥‥‥‥‥‥‥ 55

(2 - 5)「投資規模」と活用できる「内部資源」を設定する ‥‥‥‥‥ 60

2-6	「目標設定」とゴールへの「マイルストーン」をつくる......... 61
2-7	「撤退基準」を具体的に設定する................................... 64
2-8	「組織体制・メンバー・役割分担」を決める 66
2-9	「社内を説得する準備」を進める................................... 71
2-10	「新規事業開発」のチェックポイントを整理する............... 78

第 3 章

新規事業のネタを探す

3-1	「ビジネスモデル」とは何かを把握する 82
3-2	「できない理由」を捨てる... 84
3-3	「変化」を丁寧に観察する... 85
3-4	「ネタ探し」の7つのアプローチ............................. 87
3-5	「ゼロイチ発想力」の磨き方..................................... 94
3-6	ヒントになる「具体的ビジネステーマ」..................... 103

第 4 章

ビジネスモデルを構築する

| 4-1 | 「新規事業」を生み出す基本的な考え方を整理する........... 108 |
| 4-2 | 「顧客（CUSTOMER）」は誰なのか？..................... 112 |

4-3 顧客が本当に求めている「ベネフィット」は何か？・・・・・・・・・・ 117

4-4 「競合（COMPETITOR）」を分析する・・・・・・・・・・・・・・・・・・・ 119

4-5 「自社（COMPANY）の強み」を分解する・・・・・・・・・・・・・・・ 122

4-6 「ビジネスモデル」のまとめ方・・・・・・・・・・・・・・・・・・・・・・・・ 124

4-7 「市場規模」をフェルミ推定する・・・・・・・・・・・・・・・・・・・・・・ 125

第 5 章

ビジネスモデルを検証する

5-1 「ビジネスモデル」は1週間寝かせる ・・・・・・・・・・・・・・・・・・・ 130

5-2 ビジネスモデルの検証（1）
「購入意欲」の検証 ・・・・・・・・・・・・・・・・・・・・・・・・・・・・・・・・・ 131

5-3 ビジネスモデルの検証（2）
「優良顧客」の検証 ・・・・・・・・・・・・・・・・・・・・・・・・・・・・・・・・・ 132

5-4 ビジネスモデルの検証（3）
「時代性」「物語性」の検証 ・・・・・・・・・・・・・・・・・・・・・・・・・・・ 133

5-5 ビジネスモデルの検証（4）
「独自性」の検証 ・・・・・・・・・・・・・・・・・・・・・・・・・・・・・・・・・・・ 134

5-6 ビジネスモデルの検証（5）
「面白さ」の検証 ・・・・・・・・・・・・・・・・・・・・・・・・・・・・・・・・・・・ 135

5-7 ビジネスモデルの検証（6）
「色っぽさ」の検証 ・・・・・・・・・・・・・・・・・・・・・・・・・・・・・・・・・ 136

5-8 ビジネスモデルの検証（7）
「投資家目線」の検証 ・・・・・・・・・・・・・・・・・・・・・・・・・・・・・・・ 137

5-9 ビジネスモデルの検証（まとめ）
「最終チェックリスト」・・・・・・・・・・・・・・・・・・・・・・・・・・・・・・・ 139

第 6 章

事業計画書を作成する

- 6-1 投資家から見た「理想的な事業計画書」とは ･････････････ 142
- 6-2 「事業計画書」で気をつける5つのポイント ･･････････････ 144
- 6-3 「エグゼクティブサマリー」のポイント ･････････････････ 145
- 6-4 「会社の理念、目的、背景」のポイント ･････････････････ 146
- 6-5 「事業内容」のポイント ･････････････････････････････ 147
- 6-6 「独自性」のポイント ･･･････････････････････････････ 148
- 6-7 「顧客の声」のポイント ･････････････････････････････ 149
- 6-8 「競合分析」のポイント ･････････････････････････････ 150
- 6-9 「市場規模」のポイント ･････････････････････････････ 153
- 6-10 「経営チーム」のポイント ･･･････････････････････････ 154
- 6-11 「リスクファクターと対処法」のポイント ･････････････ 155
- 6-12 「収益計画書」のポイント ･･･････････････････････････ 156
- 6-13 「資本政策」のポイント ････････････････････････････ 159

第 7 章

経営者マインドを整える

- 7-1 「経営者」がやるべき7つの仕事 ･･･････････････････････ 168
- 7-2 「成功する経営者」の7つの考え方 ･････････････････････ 173

7-3	「論理的経営者脳」の7つの鍛え方 ･･････････	177
7-4	「在り方」と「やり方」の正しいバランス ･････	186
7-5	「孤独」との戦い方 ･･････････････････････････	188
7-6	「経営参謀・メンター」の選び方 ･･････････････	190

第 8 章

経営チームを組成し勝てる組織をつくる

8-1	「経営チーム」「組織」のつくり方 ･･････････	194
8-2	「ルール」のつくり方 ･･････････････････････	199
8-3	「組織図」のつくり方 ･･････････････････････	202
8-4	「評価制度」のつくり方 ･･･････････････････	204
8-5	「会議」のつくり方 ･･････････････････････	207

第 9 章

事業資金を調達する

9-1	「新規事業」成功のための1番重要な仕事 ･････	210
9-2	「資金調達方法」のメリット・デメリット比較 ･･	211
9-3	「資金調達」必勝法 ･･･････････････････････	222
9-4	「出資」について知っておくべき注意点 ･･････	227

第 **10** 章

マーケティングで顧客を掴む

- **10-1** 「マーケティング」とは何か　　234
- **10-2** 「ブランド」とは何か　　240
- **10-3** 「実戦マーケティング」の7つの考え方　　241
- **10-4** 「実戦マーケティング」の5つの戦い方　　252

第 **11** 章

営業・業務提携で事業を加速する

- **11-1** 「営業・業務提携」は相手先へのラブコール　　258
- **11-2** 「勝てる営業」の5つの鉄則　　259
- **11-3** 「勝てる営業」の5つのステップ　　264
- **11-4** 「成功する業務提携」の3つのポイント　　278

おわりに

カバーデザイン ■ 萩原 睦（志岐デザイン事務所）　　本文デザイン・DTP ■ 初見弘一
本文イラスト ■ 横井智美　　編集協力 ■ 本多一美

New Business Development

第 **1** 章

新規事業開発の意味・目的を整理する

「新規事業開発」の正しい位置づけを理解し
イノベーションを起こす！

「新規事業開発」を考えるにあたって、まずやるべきことは今、なぜ「新規事業開発」が必要なのかを明確に言語化することです。ここが定まっていないから、社内がまとまらないのです。また、自社にとっての目的は何なのか、既存事業とどう連動させるのかを考えて、社内で共有しておかないと「新規事業開発」の本当の価値提供ができません。言語化していくためのポイント、注意点を学びましょう。

「新規事業」を定義する

　さて、本書のテーマは「新規事業開発」ですが、そもそも「新規事業」とは何でしょうか？

　まずは皆さんの頭の整理のために、「新規事業」の定義をしていきましょう。

　もちろん、定義については正解も不正解もありません。ただこれから、本書の中で「新規事業」というワードは頻出することになりますので、共通認識としてまとめておきましょう。

　「新規事業」とは、**「企業が、既存事業とは違う商品・サービスやビジネスモデルで、世の中に新たな価値を生み出していくこと」**ではないでしょうか。

　もちろん、これは起業したばかりなど既存事業のない一人起業家やスタートアップ企業にも同じように当てはまります。

　この定義については2つの軸で考えるとわかりやすいと思います。

〈新規事業の定義〉

	既存顧客	新規顧客
既存 商品・サービス	既存事業	新規事業 （新市場開拓）
新規 商品・サービス	新規事業 （新商品・サービス開発）	新規事業

一つは、「顧客」が既存なのか、新規なのかという軸です。

もう一つは、「商品・サービス」が既存なのか新規なのかという軸です。

「既存の顧客に既存の商品・サービスを販売する」ことは、当然ですが「既存事業」ですよね。

一方、「新規の顧客に新規の商品・サービスを販売する」ことはわかりやすく「新規事業」です。ここまでは、極めて明快ですね。

それだけでなく、「新規の顧客に既存の商品・サービスを販売する」ことも、「新市場開拓」という意味の「新規事業」ではないでしょうか。

また、「既存の顧客に新規の商品・サービスを販売する」ことも、「新商品・サービス開発」という意味での「新規事業」です。

こう考えていくと、一気に「新規事業」というものの範囲、イメージが広がり、取り組みやすくなってきませんか?

大企業や中小企業にお勤めの方々は、世間でスタートアップ企業が注目を浴びている昨今の状況を見て、**「全く新たな発想で、今まで世の中になかったもの」を生み出さない限り、「新規事業」といえないのではないかという解釈**にとらわれているのではないでしょうか。

確かに、そう考えてしまった場合「新規事業」は大変難しいもののように感じてしまいます。しかし、実はスタートアップ企業で、さらにユニコーン企業（評価額が10億ドルを超える企業）にまで成長した企業でさえも、全く今まで誰もが思い付かなかったような新たな発想で、世の中に全くない商品・サービスを生み出したといえる企業はほとんどありません。

ZOZOTOWNは、洋服などをインターネットで販売するサービスですし、メルカリも中古品をスマホアプリで売買するサービスです。

サイバーエージェントはインターネットを扱う広告代理店ですし、蔦屋書店は本屋とカフェの融合です。

もちろん、このような組み合わせの発想やこれまでの常識とは違う販売方法を考えることは新しい発見です。また、成功するためにはかなり細部における工夫があり、それこそが大きな違いではあるのですが、「想像もつかない、とてつもない発明」といったものではないのです。

そうなんです。つまり、「変な苦手意識を持つ必要はない」ということです。
ゆっくりコツコツと真面目にステップを踏んでいくことができれば、「新規事業」を考え付くことは、あなたにも可能なのです。

〈新規事業開発はあなたにもできる！〉

1-2

「新規事業開発」が
今必要な理由を理解する

　なぜ今、「新規事業開発」にスポットが当たり、多くの企業が「新規事業開発」に熱心に取り組んでいるのでしょうか。

　まずは、その背景となる「なぜ」について考えていきましょう。

　企業を成長させる手段は、大きくは３つに分類されます。まずは、**既存の商品・サービスの「シェア拡大」。次に、「M&A」による成長。そして「新規事業開発」です。**

　では、一つずつ見ていきましょう。

　まずは、「シェア拡大」について。

　これはなかなかハードルが高いです。競合企業も日々真剣に知恵を絞り、様々なアプローチでシェア拡大を狙っているので、自社だけが競合他社に圧倒的な差をつけてシェアを急拡大するということは、なかなか難しいといわざるを得ません。

　次に、「M&A」について。

　これもまた課題が多いです。まずはM&A価格の上昇です。

　世界的に金余りの時代が続いており、買収価格はかなり上がってきています。投資対効果を考えると、二の足を踏んでしまう可能性が高いといえるでしょう。

　また、M&A実行後のシナジーの問題もあります。全くカルチャーが違う会社同士のM&Aの場合、買収先との融和がうまくいき、バリューを出していくのは本当に至難の業です。

　のれん代に苦しんでまで、あえてM＆Aを選択するかどうか。

第1章 ── 新規事業開発の意味・目的を整理する

そうなると、経営者が次なる成長のために「**新規事業開発**」に注目をすることは極めて自然なことです。

　また、「新規事業開発」が注目される、もう一つの大きな要因があります。
　それは、**昨今の官民におけるスタートアップ支援体制の充実に伴う、「成功事例」**の増加です。

　多くのスタートアップ企業が資金調達をして成長・拡大し、上場やM&Aでイグジットする事例もどんどん出てきています。
　そういった状況を見た上で、自社ではすでに既存事業を持っていて取引先や物流のネットワークもあることから判断すると、スタートアップ企業よりもうまくやれる、もっと成長できると考えるのもわかります。
　こういった考え方は、より知名度やブランドがあって、資金力や信用、人材や資産もある大企業ほど顕著です。

〈企業成長の３つの手段〉

	良い点	悪い点
シェア拡大	・これまでの業務の延長線上の発想で戦える	・競合企業との戦いが激化していて圧倒的な差別化が難しい
M&A	・新たな事業を生み出すより早く結果を出せる ・すでにある程度評価が定まっている事業を買収できる	・M&A価格が上昇している ・M&A後のシナジーを出すことが難しい
新規事業開発	・既存事業のアドバンテージが活かせる ・成功するスタートアップ事例が追い風になる	・未知の分野であり、必ず成功するとは限らない ・社内に最適人材が少ない

次に、「新規事業開発」が注目されている理由、なぜ「今」なのか、「タイミング」についても考えてみましょう。

それは、社会環境・経済環境に大きな要因があると考えられます。「失われた30年」ともいわれ、ずっと停滞期が続いているような認識・感覚が今の日本にはあります。
この停滞期が続いているような認識・感覚は、何か「大きな変化」を求める気持ちへとつながります。

2006年から日本は人口減少期に入り、人口動態的には「新たな成長モデル」を生み出すことがなかなか難しくなっていることも背景にはあるでしょう。
コロナ禍で人々の生活が一変したことも、原因となっているかも知れません。こういった社会の不安定な空気感は、「新規事業開発」に期待を寄せる大きな要因となっているのです。

〈新規事業開発が注目される理由〉

また、ネガティブな不安感だけが要因ではありません。ポジティブな変化もまた、「新規事業開発」に注目を集める要因になっています。

　わかりやすいのは、「インバウンド需要の復活」です。コロナ禍が明けて、多くの外国人旅行者が日本を訪れています。
　これはチャンスとばかりに、様々な「新規事業」が立ち上がっているのです。

　また、AIやメタバース、ブロックチェーン、宇宙開発などの「新技術の台頭」も「新規事業開発」に光を当てています。
　社会環境が変わったり、ルールが変わったり、景気の流れが変わったとき、あるいは消費者のライフスタイルが変化する時期というのは、「マーケットが大きく変わる時期」です。
　そういった時期こそ「新規事業開発」にとっては、まさにチャンス到来といえるでしょう。

　日本では全企業のうち、中小企業の割合は99％以上と圧倒的な数を占めています。
　また、大企業にはこれまでは、日本で最も優秀といわれる人材が集中していたというのも事実です。
　大企業も中小企業もどちらも、スタートアップ企業が勇気を持ってチャレンジし、世の中に「新たな価値」を生み出し、成長していく様子をただ見ているだけではいけません。
　自分たちの強みを活かした「新規事業開発」によって、自社を変え、日本を変えるんだという気概を持ち、ビジネスマンとして挑戦し続けましょう。

1-3

「新規事業開発」の
意味と目的を考える

　ここからは、あなたの会社にとっての「新規事業開発」の意味と目的をしっかりと考えていきましょう。
「なぜ」「今」「新規事業開発」が必要なのでしょうか。

　あなたは理解できているでしょうか。あなたのチームや上司はどうですか。
　経営陣は明確にその意味や目的を会社全体に共有していますか。

　もちろん、正解は一つではありません。「なぜ」「今」なのか、関係部署も含め、まずは議論してみてください。

　要因は一つではないと思います。役職や部署によっても考え方が違うでしょう。
　それでも、議論を進めて意味と目的について**「言語化」していくこと、その過程こそが大切**なのです。

　社員一丸となって「新規事業開発」という荒波に乗り出していく時には、わかりやすい「航海図」が必要になります。
「なぜ」「今」なのか、共通認識がないと強い推進力は生まれません。

　大企業や歴史ある中小企業が、まだ起業して間もないスタートアップ企業に、新しい分野であっさり負けてしまうことがあります。
　そんな時、「自分たちのほうがたくさんのアドバンテージがあるのに」と、理由を理解できない人も多いのです。しかし、原因はシンプルです。
「なぜ」「今」やらなければならないかが不明確だから、覚悟が決ま

らないのです。

　多くのスタートアップ企業は、自分たちにしかできないと考え、今しかないと寝食を忘れて、社員一丸となって遮二無二に向かっていきます。その勢いは凄まじいものがあります。

　それが成功するための「重要なカギ」となるのです。

　一見、回り道のように感じるかも知れませんが、しっかりとあなたの会社の「新規事業開発」の「なぜ」「今」を言語化し、関係者で共有することを徹底してください。

　日本は人口動態上、外需を取り込んで成長するのか、新たなイノベーションで成長していくのか、選択していくしかないのです。
「新規事業開発」に注目が集まってきているといいましたが、現状、**「新規事業開発」への投資金額は、世界の他の国に比べて圧倒的に少ない状況です。**もっともっと必要で、まだまだ足りていません。

　日本は先進国でありながら様々な課題を抱えた課題解決途上国です。

　少子高齢化問題は世界で最も速いペースで進んでいますし、政治家や企業の経営者、役員などリーダー層における女性比率も先進国最低レベルです。

　地震や台風の被害は毎年のように甚大ですし、昔の成功体験に引きずられたままの古い規制や、古いしきたりがまだまだ残っています。

　こういった課題を解決していくために「新規事業開発」があるという考え方はできないでしょうか。

　社会性の非常に高い「意味」になりますし、あなたの会社にとっても、社員の皆さんや取引先、株主、地域などの関係者との関係をさらに強固にしていく「きっかけ」になるのではないでしょうか。

　また「新規事業開発」は、会社にとってはもちろん「新たな飯のタ

ネ」という側面があるのですが、これまでの既存事業のビジネスの進め方を一気に見直す良いきっかけになるという側面もあります。

　既存事業をやっているだけでは、自社のビジネスプロセスに生じている「バグ」「ムダ」「スピード感の欠如」、こういったものをなかなか見つめ直すことができません。

「新規事業開発」のために新たに制定したルールや仕組み、組織体制やフローなどが既存事業の効率性を格段に上げたり、効果を高めるきっかけにもなり得るのです。

　また「新規事業開発」は、人材の育成・成長に大きく貢献します。
　自らゼロイチで事業を考え、新たな価値を生み出し、実践していく経験。これはなかなか既存事業では得ることはできません。

　大企業でもよく、役員候補を役員に昇進させる前に「子会社の社長を経験させろ」といわれています。
　やはりトップとして、全責任を負って判断し、決断し、実践していくという経験はなかなか得難い、「宝物のような経験」なのです。
「立場が人をつくる」といわれるように、経営者目線はそういった経験でしか得られません。

「新規事業開発」のさらなる深い意味、意義についても理解して頂けましたか？

　ダーウィンの進化論ではありませんが、企業も**「最も強いものが生き残るのではない。最も変化に敏感なものが生き残る」**といえます。
　企業も常に時代や社会情勢に合わせて変化し続けていく必要がありますし、新たなチャレンジをする気概を忘れてはならないのです。

〈新規事業開発の意味〉

『両利きの経営』(チャールズ・A・オライリー、マイケル・L・タッシュマン共著、入山章栄監修、東洋経済新報社)でも解説されていますが、イノベーションを起こすには、「知の探索」と「知の深化」のどちらも重要です。

「知の探索」とは自社がまだ認知していない「知」を探索し、すでに認知している「知」と組み合わせることです。

一方、「知の深化」は認知した「知」を深掘りしていくことです。

今の日本の企業は、既存事業を深掘りしていく「知の深化」には長けているのですが、新たな範囲に目を向けて新たなチャレンジをしていく「知の探索」には、まだそこまで力を注げていません。

「知の探索」を積極的に行ない、自社が持つ「知の範囲」を広げ、「知の深化」を真面目に進めることで「イノベーション」を起こしていく、そんな「新規事業開発」が今、求められているのです。

1-4

「既存事業」と「新規事業」を正しく位置づける

さて、「新規事業開発」の意味・目的については理解して頂けたかと思います。

では、あなたの会社ではどうでしょうか。すでにしっかりとした「既存事業」を持つ大企業や中小企業においては、**「新規事業」のゴールや意味、目的を「新規事業単体での価値創造」だけにおくのは間違っている**ので、注意が必要です。

なお、「新規事業単体での価値創造」とは、「新規事業単体」だけで考える**「収益的価値」「ブランディング的価値」**のことをいいます。「新規事業開発」によってどれだけ儲かるのか、どれだけブランドに良い影響を与えるのかということです。

それだけではなく、必ず同時に「既存事業への付加価値創造」についてもしっかりと考えなくてはなりません。

「既存事業への付加価値創造」とは、「新規事業」の展開によって副次的に生じる「既存事業」における「売上向上」「コスト削減」「サービス向上」「戦略的優位性」「リクルーティング的価値」などのことです。

つまり、「新規事業開発」によって「既存事業」においてどれだけ「売上向上」できるのか、「コスト削減」できるのか、「サービス向上」に寄与するのか、「戦略的優位性」を確保できるのか、「新卒や中途採用」「社員のロイヤルティ向上やリテンション」にどれだけ効果があるのか、といった観点です。

当然のことながら、「既存事業」の規模が大きい大企業ほど、「既存事業への付加価値創造」のインパクトは大きくなります。
　しかし、「既存事業」を持つ中小企業やスタートアップ企業にとっても全く同じことがいえます。

「新規事業開発」のゴールや意味・目的の整理においては、既存事業も含めた「会社全体への価値創造」という視点を決して忘れてはならないのです。

〈新規事業開発のゴール・目的の整理〉

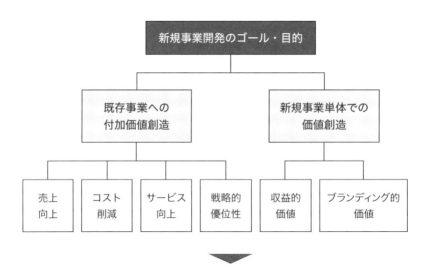

大企業の新規事業開発においては、「既存事業への付加価値創造」のほうが、「新規事業単体での価値創造」よりインパクトが大きいケースがほとんど

New Business Development

第 **2** 章

新規事業を成功させる
コツを理解する

コツさえわかれば成功確率は
飛躍的に上がる！

「新規事業開発」は、そのほとんどが失敗します。その理由は様々
ですが、失敗するには「失敗する理由」があります。私のこれま
での数多くの新規事業失敗体験から、「失敗の法則」を言語化しま
した。失敗の要因を取り除き、失敗の確率をできる限り下げてい
くためにやれることを具体的に示しています。しっかりとコツを
掴み、新規事業開発を成功させるためのコツやポイント、注意点
を理解し、実践していきましょう。

「新規事業」が失敗する 3つの原因を潰す

「歴史は繰り返す」といいますが、私は、数々の企業の「新規事業開発」の失敗を見てきたので、失敗するケースには驚くほど共通点が多いということを知っています。

名将野村克也監督の座右の銘として話題になった「勝ちに不思議の勝ちあり。負けに不思議の負けなし」という名言（もとは「平戸藩第9代藩主松浦静山（まつうらせいざん）」の言葉）にもありますが、この「失敗する典型的な原因」を潰し込んでいくことが、成功のための1番の近道です。

勝つ時は、ラッキーパンチが当たったケースも多く、「勝ち方」については「経営者の圧倒的な個の強さ」や「商品の圧倒的優位性」のほか、時代やタイミングによる「戦術的な要素による差」が大きく、あまり一般化できない、「再現性のないもの」が多いのが事実です。

しかし、「**負け方**」については、「これをすれば必ず負ける」といえるような非常に「**再現性の高いもの**」が多くあります。

「戦略」とは、戦いを略すること、すなわち「いかに戦わずして勝つことができるか」だと私は考えています。負けないしっかりとした戦略で、「新規事業開発」の成功確率を上げていきましょう。

「新規事業開発」が失敗する原因として、大きく3つに分類できます。「経営陣の意識の問題」と「組織・仕組みの問題」と「人材の問題」です。
　それぞれについて、順に見ていきましょう。

1. 経営陣の意識の問題

(1)「新規事業開発」に関する明確な方針、戦略がない

　これは本当によくあるケースなのですが、**上司からは「新規事業立ち上げ」の指示だけがあり、やりたいことや意図が不明確で、それぞれの上司によって発言の方向性が異なり、組織における共通認識がないために新規事業開発が全く進まない、という状況になってしまうケース**です。

　本書を読んでくださっている経営者さんの会社では、決して起こらないと思いますが、往々にして徒手空拳で「担当者のみが戦っている」ケースはよくあり、そのような場合ほぼ失敗に終わっています。

(2) 充分な資金投下をしない

　「成果」は大きいものを求めるのに、「投下する資金」はできるだけ削ろうとする上司が多いという問題もよくあります。

　しかも予算を削る理由が、ほぼ何の根拠もない「感覚値」のケースが多いです。もちろんできるだけコスト削減をしながら、頭を使って進めていくことは「新規事業開発」の鉄則ですが、本当に必要な資金を、必要なタイミングで投下しないと成功するものも成功しなくなります。

　非常にいい事業が、途中で資金不足で頓挫するケースは、まさに「散見される失敗事例」です。

(3) 自前にこだわりスケールしない

　特に大企業で多いのがこの失敗パターンです。

　上司が何でも自前主義で、他社のものを信用しない。または、何の優位性も特徴もないのになぜか自社のものを盲目的に重用する。「スピード」や「強み」のほうが大事なのに、やたら自社や自社のグルー

プ会社、関連会社優先の姿勢を崩さないケースです。

これも極めて厄介です。本人はグループ全体の利益を守っているつもりですが、結果として超内向きな「部分最適」となり、「全体最適」は達成されません。

これもまた、「新規事業開発」の鉄則というか現実なんですが、ほとんどの場合、自社のグループ会社や関連会社を通すより、スタートアップ企業など勢いよく、一点突破で商品・サービスを展開している会社や組織、個人と組んだほうが結果は良くなります。

(4) 自社の規模感と比較して新規事業を評価する

これも大企業でよくある失敗の典型事例です。

「新規事業開発」の事業計画の数字を見て自社の規模感と比較し、小さ過ぎて意味がないと却下してしまったり、あまり力を入れないという判断をしてしまうケースです。

最初から大きな売上、利益を期待するのは間違った見方です。

GoogleもAmazonも今では超大企業となっていますが、最初は1人の顧客から始まっています。

初年度、2年目、3年目あたりまでにあまりにも大きな売上や利益を求めてしまうと、せっかくしっかりとした顧客基盤をつくり、今後大きく成長する予定だったにもかかわらず、小さくまとまり競争力を失ってしまうことがよくあります。

(5) 新規事業における不確実性を許容しない

「新規事業開発」は予想が難しいものです。

まだ世の中にない商品・サービスを市場に出すわけですから、これまでの商品・サービスをベースにして売上や市場浸透スピードの予想、顧客層の類推まで行なうのは至難の業です。

もちろんあらゆる手段を使って、**少しでも「確からしい未来予想」**

をする努力は求めるべきですが、「既存事業」と同じ程度の数字の確かさを求めることには意味がありません。

（6）慢心する

　大企業とスタートアップ企業のオープンイノベーションやアクセラレータープログラム、提携などをいくつも経験すると、大企業側の不遜な態度が気になるケースが多々あります。
　大企業だから自分たちが上だという意識を持っている方もいれば、そもそも外部の企業とのコラボレーション、共同作業に慣れていないため、うまく意思疎通がとれないケースもあります。

　圧倒的な資金力やブランド、優秀な人材など大企業はアドバンテージがあるにもかかわらず、スタートアップ企業に負けてしまうケースがあるのは、まさにこういう部分です。
　シンプルにいうと、「慢心」です。大企業であろうと中小企業であろうと、スタートアップ企業であろうと、同じ目的に向かって協業する場合は仲間でありパートナーです。特に年配の方ほど、「慢心」には最善の注意を払う必要があります。

2. 組織・仕組みの問題

（1）社長直轄でない組織・仕組みでの展開

「新規事業開発」は本来ならば、必ず社長直轄でやるべきプロジェクトです。

　もちろん、大企業の場合は社長直轄が難しい場合もあるでしょう。

　しかし、それでも社長にはしっかりと報告の機会を設けて、せめて担当役員の直轄プロジェクトにするべきなのです。

　そのようにしておかないと、結局「上の意向は違うものであった」というサラリーマン的な忖度や配慮が優先され、本質的な議論ができなくなります。また、部署ごとの綱引きや「部分最適」の議論になってしまい、「アンタッチャブルな領域」として本質的な議論が避けられてしまいます。

　今は日本も「世界的な競争」の中にいるんだという当たり前の大前提を忘れ、業界内や会社内という小さな器の中での利害関係調整に明け暮れていては、本来あるべき「新規事業開発」など望むべくもありません。

（2）役員の事前チェック

「新規事業開発」の質を下げる要因として、役員による根拠のない感想や指摘、ダメ出しがあります。

「新規事業開発」に正解はないという大原則から逸脱して、やたらと「てにをは」を修正する役員は百害あって一利なしです。

　担当者に危うい部分があることは当たり前です。

　言いたいことがあってもグッと言葉を飲み込んで、ここは我慢。

「自由度」を持たせて考えさせる、やらせてみる、それの繰り返しで、人は成長します。

（3）親会社の過干渉

　希望に胸を躍らせ「新規事業開発」に挑んだものの、日報、週次報告に月次報告。既存事業と変わらぬ、あるいはそれ以上の報告義務に辟易し疲れ果て、本来の仕事である「考えること」や営業のために時間を使えず、結果も出せないまま、どんどん疲弊していく「新規事業開発」の担当者をたくさん見ています。

　事前決裁が必要なものとそうでないもの、事後報告が必要なものとそうでないもの、申請や報告の簡略化やスピードアップは必須です。

（4）既存事業と同じ管理手法での運用

　不確実でも、ある程度見切り発車で進まざるを得ない「新規事業開発」については、既存事業の決裁プロセスなどと違ったプロセスを新たに設定することが必要です。

　承認や報告の在り方も、実態に合わせて機動的にどんどん変えていく勇気を持ちましょう。

　前例がないからやらない、全部わかるまではGOサインを出さないなどは、まさに愚の骨頂です。

〈新規事業開発が失敗する原因１〉

(5) 既存部門の非協力的対応

「新規事業開発」チームに抜擢されたメンバーへの嫉妬心もあるのか、そもそも「新規事業開発」を軽く考えているのか、既存部門が非協力的で前に進まないことはよくあります。

また、**自部門の仕事が増えることを極力排除したいという意識が既存部門には働きやすく、はなから何も手伝わないという姿勢の部門も見受けられます。**

社員一丸となって進めなくては成功しない「新規事業開発」において、こういったサボタージュが公然と行なわれることは、組織が腐ってきているものだという強い危機感を持って対処しないと会社は死んでしまいます。

(6) トライ＆エラー（多産多死）ができない仕組み

「新規事業開発」は、百発百中で成功することはあり得ません。

スタートアップ企業の成功率が「千三つ」つまり千のうち三つしか成功しない（0.3%）とされているように、失敗する確率が高いのです。

もちろん、成功の定義をどうするのかなど論点はありますが、**ある程度の数の「新規事業」を世に出していかないと成功しないことだけは疑いようのない事実**です。

最近の日本のスタートアップ企業に対する助成金、補助金、融資、サポート体制などの充実によって、創業5年以内の企業の生存率は8割ほどになっていますが、これは決して「新規事業開発」として成功しているからではありません。

ですから**「新規事業開発」においては、ある程度の多産多死体制を構築し、トライ＆エラーができる環境を整える必要がある**のです。

しかし、「減点主義」の発想からなかなか失敗を許容できない企業が多いのが実情です。全体の「投資総額」を決めて、その範囲内での失敗を許容する体制を構築する必要があります。

（7）外部サポーター（プロフェッショナル）不在

　企業内での「新規事業開発」において、経営者（責任者）は誰に相談すればいいのでしょうか。

　経営者は孤独です。本当に孤独です。味方など周りに1人もいないと感じてしまう瞬間は一度や二度ではありません。

　また、社内に「新規事業開発」を経験したり、経営者という責任を負ったことのある人材はどれだけいるでしょうか？

　また、いたとしても役員クラスであり、なかなか相談できる環境にないことも多いです。

　こういった環境では「新規事業開発」のチームリーダー、経営者となる人は日々削られ、疲弊して勢いを失っていきます。

　これを解決するために**「新規事業開発」を行なう時には、必ず相談ができる外部サポーター（プロフェッショナル）の存在が必要**なのです。

　これはチームメンバーが探すのではなく、自社のこともよく理解していることを前提に、創業・新規事業開発において経験豊富な百戦錬磨の外部サポーター（プロフェッショナル）を選出して、相談できる環境を整える、会社としてその体制を組むことが重要です。

　外部サポーター（プロフェッショナル）の実力によっては、「新規事業開発」の成功確率が劇的にアップすることもありますし、スピードも倍増することが可能になるのです。

3. 人材の問題

(1) 優秀な人材を送り込まない

　最近では、在職中最も優秀であった大企業のエリート社員が退社し、自ら起業するというタイプのスタートアップ企業も増えてきています。

　では、大企業や歴史ある中小企業の現状はどうでしょうか？
　社内で一流とされているエース級の人材を「新規事業開発」チームに送り込んでいるでしょうか。
　なかなかそうはいかないケースがほとんどではないかと思います。

　そうなんです。人材の差で勝てない失敗事例が多く積み上がってきているのです。
　日本でも、優秀な人材が自ら起業に向かうようになってきている今、**「企業内起業家」「新規事業開発」に送り込む人材も一流でないと勝てない時代**になってきています。

(2) インセンティブ不足で優秀な人材が手を挙げない

　大企業においてよく聞くのは、既存の人事制度との兼ね合いで、「新規事業開発」で成功しても、人事評価や給与において、あまり大きな差はつけにくいということです。

　失敗した時には出世争いに影響するにもかかわらず、ストックオプションや給与制度などのアップサイドの特典がなければ、誰がそんなチャレンジをするでしょうか。
　それでもチャレンジするという心意気のある人材に期待したいところではありますが、**リスクリターンのバランスが合っていないチャレンジについては、優秀な人ほどバカらしくなるもの**だと思います。

（3）頭でっかちな批評家が増えている

　これまで、日本の大企業は優秀な人材の宝庫でした。
　しかし、ここ数年の間に、最も優秀な人材が普通に大企業に行くケースは年々減ってきています。

　また、元々は優秀な人材でも、大企業の中で減点主義の内輪の論理だけしか知らずに無為に時間を消費した場合には、自ら行動せず批評、批判だけをする、使えない「頭でっかち」になってしまいます。

　実際に**大企業には、とてつもなく優秀な人材がいる一方で、こういったプライドだけは高く、何も新しいことができない人材がいる**こともまた事実です。できる限り早く組織としての自己否定をして、こういった人材を増やさない人事評価体制にしていかないと手遅れになってしまいます。

〈新規事業開発が失敗する原因２〉

（4）女性が参加しない

　政府による2030年の企業の「女性役員比率」の達成目標は30％です。これからは今まで以上に「女性活躍」が重要な時代です。私は、**男女の人口比に合わせて50％以上の女性が「新規事業開発」のチームに参加するのが、本来は望ましい**と考えています。

　しかし「新規事業開発」チームを組成して欲しいと大企業に依頼すると、多くの場合は女性比率がなぜか20％程度となるのです。

　女性の参加率が低いプロジェクトは成功確率が格段に落ちます。「新規事業開発」における女性視点、女性目線のマーケティングができないからです。

　人口が増加する「人口ボーナス期」においては、つくれば売れる時代でしたから、猪突猛進、イケイケどんどんの「覇権主義的男性脳」が時代にマッチしていました。

　しかし、人口が減少する「人口オーナス期」には、時代、社会がどんどんソフト化するのです。普通につくっていたら売れない時代。共感や共創の時代です。

　この時代において「女性脳」「女性視点」が極めて重要なのです。

　「新規事業開発」への女性参加は必要不可欠です。
「人口ボーナス期」には、男性役員が８割９割を占めていたのですから、「人口オーナス期」には、むしろ女性役員が８割９割を占めてもいいのかも知れません。

　未来の役員候補育成の観点からも、積極的に女性を登用し「新規事業開発」において経験豊富で優秀な人材を育成することは、企業にとって喫緊の課題だと思います。

2-2

「成功する新規事業の共通点」を把握する

　さて、「新規事業開発」が失敗する典型的な原因について解説してきましたが、ここからは成功する「新規事業開発」の共通点についてもお伝えしていきましょう。

　失敗する時の典型的な原因については、一般化しやすく再現性の高いものとなりますが、成功事例の共通点については基本的に個別性が高く、なかなか一般化はできません。

　しかし、多くの「新規事業開発」のお手伝いをしてきた私から見て、あえて共通点を探すのなら、次の7つになるかと思います。

1. 投資額や内部資源の定義が明確

「新規事業開発」において重要なことは、予算と経営資源です。
　どれだけの予算をどれだけの期間で使えるのか、また社内の内部資源をどこまで使っていいのか、これを全社員に周知徹底する必要があります。
「新規事業開発」は、全社員の未来に直結する極めて重要なものですから、できれば「社長名」で全力での応援体制を明確にしたいです。

　社長がリアルの場や動画で、何度も全社員に向けたメッセージを発信したある大企業は、「新規事業開発」チームメンバーの士気も上がり、全社での協力体制が整いました。
　また、社内公募での「新規事業開発」への応募者数が一気に増加したという効果もありました。

2. 必要最小限の報告とメンタリング

　成功している「新規事業開発」のほぼ全ての事案が、会社からの過干渉を避け、必要最小限の報告とメンタリングのみにしています。

　口出ししたくなるのもよくわかるのですが、チームの自立性を尊重し、任せることがチームメンバーの成長にもつながります。
「金は出しても口を出すな」とまではいえませんが、「信じて待つ」ということは子育てと同様、極めて重要な姿勢です。

3. 必要なタイミングで必要な資金サポートをする

「新規事業開発」においては初期投資のみならず、事業を進めていく過程で新たに資金が必要になる事業もあります。

　本書でも後半で「資金調達」については取り上げますが、将来必要になる資金については、あらかじめ資金投入時期を予測し、確保しておく必要があります。

　もちろん、その場合はどんな条件をクリアしていれば「追加資金投入」をするのか、ルールを決めておかなければなりません。

　大企業の「新規事業開発」では、初期の投資はあるけれど、成長期における「追加資金投入」について、あらかじめ決められていないために、後で非常に苦労するということがよくあります。

「追加資金投入」の金額と時期まで、恣意的でなくしっかりとルールに則った方法で最初から計画しておきましょう。

4. 優秀な人材でチームビルディング

「新規事業開発」においては、チームビルディングが全てです。
　強い経営チームであれば、事業内容があまり大したことがない場合

でも、ピボット（方向転換）しても力強く成長していきます。

　ですから、いかに優秀な人材を「新規事業開発」チームに集められるかが非常に重要で、ここが成功への分かれ道となります。

　ストックオプション制度、出戻りOKな人事制度、休職制度を利用したチャレンジ制度、会社の広報誌での掲載、部課長からのエース推薦制度など、少しでも優秀な人材を「新規事業開発」に充てようと、大企業においても、各社様々な努力をしています。

5. 真の顧客ベネフィットの追求

　新たなる価値ある事業を創り出す「新規事業開発」においては、考えないといけないこと、やるべきことが山積していますので、ついつい最も重要な、「お客さまは誰で」「お客さまが本当は何を望んでいるのか」について徹底的に考える時間が足りていないケースがほとんどです。

　事業としての外形は整っていて美しく、成功しそうに見えても、「**徹底的な顧客志向で、真の顧客ベネフィットを追求する**」ということが**できないと事業は絶対に失敗します。**

　寝食を忘れて顧客と向き合い、顧客のもとに通い、顧客の声を聴き、顧客の行動を観察する。そして顧客自身もまだ気づいていない、言語化されていないニーズを見つけることができるのか、それが問われています。成功している「新規事業開発」には必ずその姿勢があります。

6. 自社がイヤがる新規事業プランで勝負

　私は大企業の経営顧問として、多くの「新規事業開発」に携わってきましたし、多くのスタートアップ企業に投資して、新たな商品・サービスやビジネスモデルで大企業に挑んできました。

スタートアップ企業には、「競合となる大企業にとって、されたら1番イヤなポイント」を説明し、そこを磨き上げたビジネスモデルを創ってきました。

また大企業には、「競合となるスタートアップ企業にとって、されたら1番イヤなポイント」を説明し、その戦略でスタートアップ企業を迎え撃ってきました。

その経験から、**大企業の「新規事業開発」では、「自社がされたら困る事業」を検討してみること**をお勧めしています。

では、他社にされたら1番困ることを自社の「新規事業」でやるとはどういう意味でしょうか。

第1章でも学んだ通り、「新規事業開発」のゴール・意味・目的設定においては、「既存事業への付加価値創造」も重要です。

そういう意味も考えると、**自社がイヤがる「新規事業」は、自社の「既存事業」の将来のリスクやマイナスを消し込む、すごい効果を発揮することが多い**ということです。

大手携帯キャリアが、あえて自分たちで格安ブランドやプランをつくることなどは、わかりやすい事例でしょう。

既存部門が気づかない自社商品・サービスの弱点がクリアになったり、新たな視点での顧客志向が身に付いたり、スタートアップ企業と「擬似競合」としての戦いを経験できることなどメリットは大きいです。そして順調に成長してきたら、その後の関わり方を見極めるのです。

あくまでも**別の体制で進めたほうが事業の成長に寄与する場合は、組織は別のまま出資だけをする。本体に取り込んだほうが成長が加速される場合は、子会社化したり吸収合併する。**まさに戦略的な「新規事業開発」になるケースが多いのです。

〈成功する新規事業開発の共通点〉

7. スタートアップ企業との交流

　大企業の「新規事業開発」で、公募によって優秀な人材が集まったとしても、スタートアップ企業の経営者の皆さんとは考え方、ケミストリー（相性・カルチャー）が違います。

　どれだけ優秀な人材でも、環境による影響は大きいのです。毎日切った張ったを繰り返している、スピード感の塊のようなスタートアップ企業の経営者と、大企業の社員では大きく違います。

　私は、大企業の幹部候補生とスタートアップ企業の経営者とが一緒になって新たな事業モデルを創り出す「サクラサクアカデミー」というプログラムを毎年やっています。

　半年間のプロジェクトで、最終的にはお互いを尊重していい形で混ざり合うのですが、最初はまさに「水と油」です。

　大企業の幹部候補生は、スタートアップ企業の経営者を、「ギリギ

リまでやらない、約束を守らない、いっていることがコロコロ変わる、確認がとれていない情報ですぐ動く、エビデンスのとり方が甘い、感覚で動く」などと評します。

一方、スタートアップ企業の経営者は、大企業の幹部候補生を、「スピードが遅い、頭の切り替えができない、真面目すぎる、柔軟性がない」などと評します。

そうなんです。両者は、全く違う生き物と考えたほうがいいくらいなのです。

最初は全く混ざり合うことがなかった両者ですが、一緒にプロジェクトを進めていく中で協力し合い、本音で語る機会を積み重ねていきます。

そうすると、大企業の幹部候補生は、スタートアップ企業の経営者を、「発想力がすごい、スピード感が違う、実行力とやり切る力がすごい」と称賛しますし、スタートアップ企業の経営者は、大企業の幹部候補生を、「基礎的思考力が圧倒的、まとめ上げる力や人間力がすごい、報告書作成能力を見習いたい」と称えるようになります。

こういったスタートアップ企業の経営者との交流の機会をしっかりと設けること、しかも深い本音ベースのぶつかり合いを経験させることは、大企業における「新規事業開発」の成功への近道となります。

また、こういった経験をした、「戦闘力を持った社員」が増えていくことは、「チャレンジ精神」「創造力」「調整力」「推進力」といった企業の新たなカルチャーを生み出すことにつながるのは疑いようのない事実です。

〈スタートアップ企業の経営者との交流〉

2-3

「新規事業開発」の アプローチ方法を選定する

「新規事業開発」を推進していくためには色々な方法がありますので、自社にとって1番いい方法を比較考量し、選択する必要があります。まずは、大きく2つのアプローチ手法に分けて考えていきましょう。

一つは**自社内の経営資源を活用して、自社で「新規事業開発」を推進していく「クローズドアプローチ」**です。

この手法では、事業性をメインに考える「新規事業開発プロジェクト」と、組織や人事、ブランディングへの影響なども意識した「社内ベンチャープログラム」が考えられます。

もう一つは、**外部の経営資源を活用して「新規事業開発」を推進していく「オープンアプローチ」**です。

こちらの手法では、事業性をメインに考える「新規事業開発投資」と、組織や人事、ブランディングへの影響なども意識した「アクセラレータープログラム」が考えられます。

「クローズドアプローチ」「オープンアプローチ」、どちらを選ぶかは、会社の理念やカルチャーによって向き不向きがあるので、外部専門家の意見も聞きながらじっくりと選択すればいいと思います。

社内でも活発にアイディアが出るような、積極的な人材が多い企業なら、「クローズドアプローチ」のほうがスピードが増すでしょう。

一方、あまり社外との交流もなく、おとなしいカルチャーの企業であれば、「オープンアプローチ」のほうが効果的だと考えられます。

このように、会社による向き不向きを考慮してください。

1. クローズドアプローチ

(1) 新規事業開発プロジェクト

　社内で「新規事業開発」をプロジェクトとして推進します。

　本書で解説している「新規事業開発」のど真ん中のケースといえます。

　新規事業開発部などの部門を設けて進めていくケース、社長直轄などの特別プロジェクトとして扱うケースなどその進め方は様々です。

　「新規事業開発」の専門部門を設けて進めていくと、メンバーが固定化され、いつの間にか硬直的な運用になっていくリスクが生じます。

　しかし一方で、**メンバーを短期の人事異動としてしまうと個々人にノウハウが身に付いたタイミングで異動となり、組織としてのノウハウが定着しにくいという問題があります。**

　外部アドバイザーをうまく活用しながら、あなたの会社にとって1番いいスタイルを模索していく必要があるでしょう。

　進め方についても、富士フィルムやタニタのように、**「トップダウン型」で「新規事業開発」を進めて成功した事例**はありますし、三菱商事のスープストックトーキョーや大日本インキの（DIC）のルネサンス、大阪ガスのホームプロのように、**社員主体の「ボトムアップ型」で成功し、「カーブアウト（親会社からの切り出し）」していった成功事例**もあります。

　それぞれの会社の戦略やカルチャーに合わせて、最も成功確率の高い方法を選択していけばいいのではないかと思います。

　「トップダウン型」で成功した事例を一つ、紹介します。

濱田酒造による最高級芋焼酎なゝこプロジェクト

　こちらは焼酎業界第2位の濱田酒造の商品開発で大成功したプロジェクトです。初代の発売は、2004年ですからもう20年も前です。

　設立2年目のスタートアップ企業の経営者であった私は、2002年に鹿児島空港で移動直前の濱田社長に20分だけお時間を頂き、当時株主でもあった三井物産の盟友と一緒に、「**世の中にない全く新しい芋焼酎をつくりましょう。必ず勝てるプランです**」と提案させて頂きました。
　焼酎業界の風雲児と呼ばれていた濱田社長は、私の話を聞いてすぐに「面白い！　一緒にやろう」と即決。すぐに製造、販売体制を整えてくださったのです。

　その当時、焼酎は安いお酒のイメージしかなく、ボトルもネーミングも全くお洒落ではありませんでした。
　ワインのように贈答用にも使うことができる「最高級の芋焼酎」をつくれば、焼酎全体のイメージも変わるし、本物志向の方には必ず支持されるはずと考えた私が、ネーミングやボトルデザイン、原材料や製法へのこだわりなどを伝えるための物語づくりと広報・PRを担当。そして「最高級芋焼酎なゝこ（ななこと読む）」を生み出しました。

　当時の芋焼酎の四合瓶（720ml）は大体1,800円程度。
　それを当時としては最高値の1万円で販売しました。
　芋焼酎の四合瓶が1万円もするとは逆に「どれだけ美味しいのだ」、と注目を浴び、大手新聞、地方紙、テレビ、ラジオ、雑誌に大きく取り上げてもらったのです。
　本物志向の人たちの「口コミ」を喚起するマーケティング手法を実施。販売代理店を置かず、ほぼ濱田酒造からの直販のみという販売スタイルで、何と1万本が2週間で完売しました。
　「なゝこ」ファンである作詞家、作曲家、歌手によって、私たちの知

らないところで応援歌まで誕生していました。

　焼酎業界で大きなムーブメントを起こした「なゝこ」は、「口コミマーケティング」の成功事例として、様々なビジネス書にも取り上げて頂きました。

　今もロングセラー商品として愛され続け、「最高級芋焼酎なゝこ」を生み出した技術力のある焼酎蔵として、濵田酒造はコーポレートブランディングにも大成功しています。

　今こうして改めて考えてみると、まだ2年目のスタートアップ企業の経営者であった私からの提案を、すぐその場で評価し、決断し動いてくださった濵田社長のご慧眼には驚くばかりです。

　やはり、「新規事業開発」の成功の重要なポイントは「経営者のスピード感のある決断」といえるでしょう。

〈濵田酒造 事例紹介〉

［課題］
- ●焼酎に対して「男の酒」「労働者の酒」というイメージを持つシニア層に幅広く支持される本格焼酎を開発したい
- ●プレミアムがついて高くなるのではなく、品質に見合った本物の高級焼酎を展開したい
- ●濵田酒造という企業ブランディングにもつなげたい

［実施事項］
- ●シニア層に対して定性・定量調査を実施し、こだわりのポイントを抽出
- ●商品発売前からシニア会員が参加した企画、製造の過程を公式サイト上で公開し、会員の参加感を醸成（30万人のシニア会員）
- ●色、ネーミング、価格などのわかりやすさの徹底と、明治元年創業の手造り蔵を持つ濵田酒造の伝統、技術力を前面に出した口コミプロモーションを実施

［結果］
- ●1本1万円の価格設定で発売したが、毎年5,000〜1万本がすぐに完売
- ●プロモーション費用をかけず、ほぼ口コミのみで展開
- ●定番化し、ベストセラーとして20年
- ●濵田酒造は高級焼酎の製造元としてコーポレートブランディングに成功

ソーシャル的手法を取り入れ活かし、最高レベルの技術力を消費者に浸透させることで、濵田酒造のブランド力強化に成功

（2）社内ベンチャープログラム

　社内から公募で「新規事業開発」のアイディアを募集し、審査を経て「新規事業開発」をプロジェクト化するというプログラムです。

　スタートアップの持つ華やいだ雰囲気や気分を、お祭り的に全社員が味わえる重要な機会です。

　また、自らアイディアがある社員にとっては、大きなチャンスにもなり、こういった活動を通じて、「ベンチャーマインドの育成」や経営の「擬似体験」ができるという「人材育成的観点」からも非常に効果的です。

　私も様々な大企業の「社内ベンチャープログラム」の審査員、指導役として多くのプログラムに関わってきていますが、**大企業にとってやらない理由がないくらい意味があるプログラム**だと思います。

　リクルートホールディングスの「Ring」などは非常に有名ですし、全日空（ANA）、三井不動産、パナソニック、NTTドコモなどの大企業もすでに実施しています。

　しかし「社内ベンチャープログラム」の実施そのものが目的なのではなく、新たな飯のタネとしての「新規事業開発」をすることが目的なので、フォローアップ体制などはまだまだ改良の余地があります。

〈新規事業開発のアプローチ手法〉

	クローズドアプローチ		オープンアプローチ	
	新規事業開発プロジェクト	社内ベンチャープログラム	新規事業開発投資	アクセラレータープログラム
経営資源	自社	自社	外部	外部
判断基準	・事業性 ・ブランディング	・教育効果 ・ブランディング	・事業性 ・投資対効果	・教育効果 ・ブランディング
ポイント	・事業創出能力 ・バックアップ体制	・社員のアイディアレベル ・プログラムの立てつけ	・外部の専門家の力の活用 ・投資の目利き力	・外部の専門家の力の活用 ・事業育成能力

2. オープンアプローチ

（1）新規事業開発投資

　大企業の資金力を活かして「新規事業開発」のスピードを加速していくには検討すべきアプローチです。

　「M&A」によって大きく経営権をとるアプローチもありますし、**「自社独自のベンチャーキャピタル（CVC）を設立」**し、スタートアップ投資を行なっていくアプローチもあります。

　あるいは**本体にスタートアップ投資部門を設け、「本体から出資」**するアプローチもあります。

　また、**既存の投資ファンドなどに対してお金を出資し、間接的に**スタートアップ企業と関わっていく**「LP出資」**というアプローチもあります。「LP（リミテッド・パートナー）出資」は投資先の事業に関して出資額以上の責任を負わない「有限責任」が特徴です。

　どのアプローチを採用すべきかと大企業から相談を受けるケースも多いのですが、**「M&A」**あるいは**「本体から出資」する**ことをお勧めすることが多いです。

　「CVCの設立」は、投資単体での収益確保がメインなのか、本業とのシナジー（相乗効果）がメインなのかという議論の中で、どうしても投資単体での収益がメインにならざるを得ず、それであれば既存のベンチャーキャピタルへの「LP（リミテッド・パートナー）出資」のほうが効率的であったり、投資に関しての優秀な人材の確保という面で遅れをとってしまうことが多いため、私はあまりお勧めしていません。

　また、「LP出資」については通常の投資手段の一つと考えざるを得

49

ず、間接的なマイナー出資では、投資先と深く事業面で連携していくのはなかなかハードルが高いと実感しています。

そうすると、こちらも「新規事業開発」という目的にはあまり合致しているとはいえません。

単なる投資の一部と見るのではなく、**「新規事業開発」の一環として「新規事業開発投資」を考えるのであれば、「M&A」「本体から出資」が1番目的には適（かな）っています。**

もちろん、どちらにせよ信頼できる専門家、アドバイザーと共に実施していかないと大火傷を負うことになるので要注意です。

〈新規事業開発投資の種類〉

	M&A	本体から出資	CVC設立出資	既存ファンドLP出資
主体	自社	自社	自社の子会社	投資ファンド
主たる目的	事業シナジー	事業シナジー	投資収益	投資収益
自社のリスク	高い	高い	やや低い	低い
事業への関与度	高い	高い	やや低い	低い

(2) アクセラレータープログラム

最近の「新規事業開発」ブームを受けて、大企業のアクセラレータープログラムも盛んに行なわれています。アクセラレータープログラムとは、大企業などがスタートアップ企業に様々な支援を提供することで事業の創造や協業を目指すプログラムのことです。

大企業とスタートアップ企業の共創による新たな価値創造を行なう

動きは「日本の未来への希望」だと感じています。

　大企業の社員にとっても、スタートアップ企業のスピード感や柔軟性、勢いを体感できる素晴らしい機会です。

　もっとこういった取り組みは進めていくべきですし、実際に効果を出し、結果を出していけるように、その取り組み方や座組み、手法なども研究していく必要があります。

　私も数々の「アクセラレータープログラム」に携わってきましたが、**1番苦労することは、やはり大企業とスタートアップ企業のカルチャー、ケミストリーの違いの調整**です。

　よく大企業とスタートアップ企業の出会いの場をつくるイベントなども開催されていますが、出会ってミーティングをして事業化について議論しても、結局、事業化には進めないケースがほとんどです。

　事業化に進んでもお互いの不信感が募り、空中分解してしまうケースが後を絶ちません。

　失敗の原因は大きくは2つです。

①大企業とスタートアップ企業との事業通訳の不足

　大企業には大企業の進め方があり、決裁にも時間がかかります。

　必要な書類も莫大です。このあたりが、スタートアップ企業の経営者には馴染めないのです。

「時間だけかけて、ノウハウを吸収するだけのつもりではないのか？」と。

　一方、大企業からすると、スタートアップ企業には数字の根拠、組織や人材が脆弱で不安があるなどの懸念点が出てきます。

「このまま一緒にやって、当社のリスクにならないか」と。

　大企業とスタートアップ企業のどちらの思いもしっかりと理解し、汲み取った上で、両社にとって最適な未来を描き、そのためのステッ

第**2**章　新規事業を成功させるコツを理解する

プを共に並走する「トランスレーター（事業通訳）」が必要なのです。

　ただし、「トランスレーター（事業通訳）」は、大企業の意思決定の在り方や人材の特徴などを肌感覚で理解していないといけませんし、スタートアップ企業の経営者の想い、感覚についても実感としてわかる素地、経験が必要です。

　また、新規事業のノウハウや経験を持っていて、両社をファシリテート（相互理解を促進）して、導いていくだけの実力も必要です。

　そういった人材は日本ではまだ少ないのが実情です。
　今後、「トランスレーター（事業通訳）」の育成が日本にとっては急務でしょう。

②大企業の社員とスタートアップ企業の経営者の交流不足
　成功する「新規事業開発」の共通点の中でも触れた通り、**大企業のカルチャーとスタートアップ企業のカルチャーの融合には大変時間がかかります。**

　軋轢、ストレスを生むものですし、時間をかけて根気強くやっていく必要があり、近道はありません。
　本音で語り合う仕掛けや、共にゴールに向けて共同作業を行なっていく仕組みがないと、表面的な関係で終わってしまいます。

　こういった経験、時間こそが重要な人材育成投資だと認識して、根気強くお金と時間をかけていく覚悟が大企業には問われています。

　さて、この「アクセラレータープログラム」にも多くの事例があります。
　私が直接関わった大企業のプロジェクトとして、2つの事例を紹介しましょう。

セブン＆アイ・ホールディングスによるプログラム

　セブン＆アイ・ホールディングスの幹部候補生４名とスタートアップ企業経営者12名が協力して「新規事業開発」を行なう「サクラアカデミー」というプログラムです。

　４チームに分かれ、「新規事業開発」の座学による体系的理解を行ないながら、各チームで新規事業を創造し、半年かけて事業計画のプレゼンテーションをセブン＆アイ・ホールディングスの役員を前に実施するというプログラムです。

　参加者は大企業とスタートアップ企業のカルチャーギャップに苦しみながらも、七転八倒して新たな事業を創出する苦労を味わうことで、大きな学びと経験を得ています。

　毎年実施しているこのプログラムは、すでにこれまでに５期20名を超えるセブン＆アイ・ホールディングスの社内卒業生を輩出しています。

　彼らがすでに、「社内ビジネスコンテスト」のメンターとして提案者をサポートしており、今後のグループの「新規事業開発」を社内でリードしていく存在になることは間違いありません。

「新規事業開発」のカルチャーはこうして根づいていくものです。

キッコーマンによる食のよろこびプロジェクト

　キッコーマンの研究開発本部主導で行なっている「新規事業開発」
プロジェクトです。
「食と健康」をテーマにコラボを希望する事業アイディアを外部企業
から一般募集して、応募された事業アイディアの中から、さらに深掘
りしたいものについて事業化を検討していきます。
　スタートアップ企業から上場企業まで数多くの企業から応募があり
ました。

　応募された事業アイディアはそれぞれレベルが高く、プロジェクト
に参加しているチームの皆さんにとっては、いい刺激になったと思い
ます。

　また、事業アイディアの審査の過程や、選ばれた３つの事業アイ
ディアをパートナー企業と深掘りしていく過程も、大企業の中だけで
はなかなか経験できるものではなく、非常に大きな学びの場になって
いることは間違いありません。

　**社内だけでは絶対に実現できない事業提案と向き合い、違ったカル
チャーのパートナーと共に事業を創る苦しみを味わうことによって、
かなり立体的な「新規事業開発」を推進していけるのです。**

　このように、動きの早い大企業では、すでに様々な取り組みがされ
ていますし、成果も出始めてきています。
　あなたの会社でも迷うことなく、今すぐ何かを始めていきましょ
う。
　最初から完璧なものを求めるのではなく、まずは始めること。
　問題点が見つかれば修正していけばいいのです。
　最初から全てがうまくいく、夢のような「新規事業開発」の手法は
ないのですから。

54

2-4

「新規事業開発」の戦略を
策定する

1.「全社戦略」を策定する

「新規事業開発」の戦略を策定するにあたっては、まずは「全社戦略」の策定が必須となってきます。

「全社戦略」を達成するために「新規事業開発」の戦略があるからです。「全社戦略」があまりクリアではない場合や、まだ策定されていない場合は、そこから始める必要があります。

「全社戦略」とは時代の大きな変化を捉えて、あなたの会社がどんな「未来の社会」を創り出したいのか、それにあなたの会社はどう貢献したいのか、そのためにあなたの会社はどんな進歩をしていかないといけないのか、その進歩をどうやって達成するのか、ということです。

これをできるだけクリアに言語化していく必要があります。

多様性が求められ変化が早いこの不確実な時代においては、**社員にとっても顧客にとっても、関係者にとっても株主にとっても、社会にとっても、あなたの会社がどんな会社で何をしようとしているのか、「納得」して「共感」ができ「満足」できる、そして人に「推奨」したくなるような理念や考え方がある、ことが必要**なのです。

すでに全社戦略が策定されている場合でも、少し立ち止まって再度考え直してみてもいいかも知れません。

上っ面の綺麗な言葉の羅列ではなく、具体的かつ想いに溢れた、わかりやすい「全社戦略」を策定すること。

それはあなたの会社の成長、そして発展の大きな力となることは間違いありません。

2.「新規事業開発」の戦略を策定する

　まずは、あなたの会社の「全社戦略」をよく読み込んでみてください。

　あなたの会社が望む未来の景色は、既存事業だけで見られるものでしょうか。

　その景色をより鮮やかに、素敵なものにするために、何をするのか。それこそが、まさに「新規事業開発」の戦略なのです。

　「新規事業開発」といっても何をやっていくべきか見当もつかない、やりたいことが多すぎて迷ってしまう、選べない、そんな人も多いと思います。

　「新規事業開発」には正解がありません。

　「新規事業開発」のチームメンバーに誰が選ばれるかによって、全く違うものが生み出されてくるものです。

　では、何も決め事がないまま「新規事業開発」に乗り出して成功するのでしょうか。答えは「NO」です。

　「新規事業開発」の戦略の策定においては、しっかりとした「軸」を持つことが重要なのです。

　「新規事業開発」のアイディア出しをする時に、必ず大切にするべき「3つの軸」について、共に引き続き学んでいきましょう。

　「3つの軸」とは、「社会性」「独自性」「経済性」のことです。

　この「3つの軸」を常に意識して、必ず「この順番で考える」ことが極めて重要です。

(1) 社会性

「世のため、人のためになる事業であること」
これが最も重要な軸です。
　あなたの会社の新規事業には、本当に「社会性」がありますか？
　これは綺麗事ではありません。消費者はどんどん変化しています。
　今は、社会性のない企業、社会性のない事業は決して残ってはいけない時代です。

　もちろん、短期で見たら、悪どく儲ける企業はあるでしょう。
　しかし、それは絶対に継続しません。

　社会性がない企業や事業、商品・サービスが長期に渡って支持されることは絶対にありません。
　まず第一に、「社会性」の軸を意識して戦略をつくりましょう。

(2) 独自性

「自社の強みを活かした、自社にしかできない事業であること」
これが次に大切な軸です。

　あなたの会社の新規事業には、本当に「独自性」がありますか？
　他にもっと強い会社や商品・サービスがあるなら、消費者はそちらを選びますし、そちらを選んだほうが消費者のためです。
「独自性」がないなら、存在価値はないのです。

　あなたの会社ならではの、あなたの会社にしかできない強みや特性を、しっかりと商品・サービス、ビジネスモデルに組み込んでください。「独自性」こそが競争力の源泉であり、「独自性」がしっかりと見つけられたなら、「新規事業開発」は一気に成功に近づきます。
　根気強く、強い意志でこの「独自性」を磨きあげていってください。

（3）経済性

「継続していくために、自社に収益をもたらす事業であること」
これが最後に大切な軸です。

あなたの会社の新規事業には、本当に「経済性」がありますか？

日本では、お金を儲けることに嫌悪感を持つ人が多い傾向があります。

しかし、お客さまから頂くお金は、「ありがとう」が形を変えたものであるはずです。

遠慮なく、たくさんの「ありがとう」を頂こうではありませんか。

いい事業や、商品・サービスは継続していかないと多くの幸せを生みません。

継続して続けていくためには、「経済性」は不可欠なのです。

「社会性」「独自性」が備わっている事業であれば、必ず「経済性」はついてきます。

しかし、より効果的に、より効率的に「経済性」を追求していくために、知恵を絞っていきましょう。

さて、**「社会性」「独自性」「経済性」がこの順番で大切**だということを共に学んできました。

しかし、世の中ではこの順番を逆に考える経営者が非常に多いので、よくよく注意が必要です。

また、**「新規事業開発」の戦略策定では、これに加えるエッセンスとして、「時代性」という軸も意識する**といいでしょう。

「時代性」とは、「今の時代の、社会の変化、消費者の考え方や求めるものの変化に対応した事業であること」です。

あなたの会社の「新規事業」には、「時代性」がありますか？

環境問題、多様性、少子高齢化、IT技術の急激な進化、コンプライアンス、女性活躍など、本当に様々な要素が「時代の空気」を形成します。
「時代性」について、もう少し意識することによって立体的な戦略が策定できると思います。

〈新規事業の3つの軸〉

社会性	独自性	経済性
世のため人のためになる事業であること	**自社にしかできない**、自社ならではの事業であること	継続していくための**稼ぐ仕組みがある**事業であること
社会のために自社ができることは何か？	自社は何が1番の強みなのか？	ありがとうと共にお金を払いたくなる仕組みは？

〈経営者もどきの考え方〉

2-5

「投資規模」と活用できる「内部資源」を設定する

「新規事業開発」の戦略が策定できたら、次に考えるのは「投資規模」です。いくらいい新規事業であったとしても、無尽蔵に先行投資ができるわけではありません。

「新規事業開発」を成功に導くには、**「新規事業開発」によってもたらすことができる会社全体への価値創造の総和（「新規事業単体での価値創造」と「既存事業への付加価値創造」の和）をしっかりと意識して「既存事業」と「新規事業」のバランスを見ながら、「新規事業」にかけることのできる投資額を割り出していく必要があります。**

　また、投資規模を決めることのほか、「新規事業開発」で活用することのできる、社内のその他の「内部資源」についても明確に確認しておく必要があります。その他の内部資源は、主に４つあります。

1．「既存事業」を推進している部門において、誰の、どのような時間を、どれだけ活用できるのかという「人的資源」
2．オフィスや施設、パソコンなどの「物的資源」
3．顧客情報、競合に関する分析データ、市場動向調査データなどの「情報資源」
4．商号や商標権、ブランドなどの「法的資源」

　それぞれどんな手続きを経て、どこまでどうやって活用できるのか、明確にガイドラインやルールを定めておくことで、不安なく「新規事業開発」に邁進することができるでしょう。

2-6

「目標設定」とゴールへの「マイルストーン」をつくる

「目標設定」の大切さについては、皆さん理解されているのですが、具体的にどんな「目標設定」をすると効果的なのかについては、具体的なイメージがない方も多いでしょう。

まずは「ゴールの設定」について考えていきましょう。
「ゴールの設定」とは、「いつまでに」「どんな事業で」「どのような状態になっているか」を決めることです。

「どのような状態になっているか」については、売上や利益規模、顧客数、マーケットシェア、顧客満足度などの「定量的な目標設定」と、人材採用において人気が高まる、ブランドイメージが良くなるなどといった「定性的な目標設定」に分解することが可能です。

さて、「ゴールの設定」において、1番重視しないといけないことは何でしょうか。
それは、**「投資対効果の定量的なゴールの設定」**です。

「新規事業開発」の評価は、まずは「投資対効果」なのです。
投資金額に比べて、「会社全体への価値創造（「新規事業単体での価値創造」と「既存事業への付加価値創造」の総和）」がどれだけであったのか、会社としての「投資対効果の定量的な目標設定」を行なうということです。

「新規事業単体での価値創造」については、まだわかりやすいですが、「既存事業への付加価値創造」については、あらかじめその計算方法まで決めておく必要があります。

「投資対効果の定量的な目標」をクリアできていれば、それは成功だといえるのです。事業がうまくいった、うまくいかなかったということだけにとらわれる必要はありません。

　もちろん、「定量的な結果」には「定性的な結果」も付随してきますが、こちらはなかなか数値化が難しい部分でもあるので、「付加的なプラス材料」として評価するということでもいいでしょう。

　次に、「いつまでに」についての定義が必要です。

　色々な考え方がありますが、**5年後のイメージをつくるということが最も有効**だと思います。

　10年だと先すぎて、夢物語になってしまう可能性もありますが、5年であれば、よりクリアにゴールの設定をすることが可能です。

　また、「新規事業開発」によって株式上場を考えていたとしても、5年であれば最短のスケジュールとしては充分可能です。

　最後に「どんな事業で」について、考えましょう。今、この段階では詳細の決定は不要です。

　しかし、「どのようなビジネステーマ」で「新規事業開発」をするのかについては決めておきましょう。

　ビジネステーマとは、例えば「シニアが幸せになる事業」や「女性の活躍を支援する事業」などでも大丈夫です。

「参入する市場や領域」「顧客のイメージ」をしっかりと持っておくことで、成功までにかかる時間や想定される事業規模が、よりクリアにイメージできるようになります。

　さて、ゴールの設定が定まったら、次にやるのは「**現状把握（スタート地点の確認）**」と「**マイルストーンの設定（途中経由地の設定）**」です。

　現在地をしっかりと確認して、ゴールへの道筋を考えること。

　途中の通過点となるマイルストーンまでイメージしておくことで、

道に迷うことなく進んでいくことができます。

「目標設定」については必ず次の3点を徹底するようにしていきましょう。

1．具体的に数値化して測れる目標設定にする
2．達成可能な目標設定にする
3．期限を決めた目標設定にする

　さあ、この注意に従って、具体的に目標設定とゴールまでのマイルストーンをつくってみましょう。

〈明確な目標とマイルストーンの設定が重要〉

「撤退基準」を具体的に設定する

「新規事業開発」において、非常に重要にもかかわらず見すごされがちなことが、「撤退基準の具体的設定」です。

「前向きな議論をしている時に撤退の話をすると士気に関わる」「失敗を前提にしているとモチベーションが下がる」など、「失敗すること」や「失敗の責任をとること」への恐怖心が強い日本のビジネスマンは、できるだけ撤退とは向き合いたくないのです。

そもそも「新規事業開発」は失敗の可能性が高いチャレンジです。失敗することを恐れていては、始めることすらできません。

しかし、**1番厄介なのはやり始めたら途中で止めてしまうことをもったいないと考えてしまったり、失敗の責任をとりたくないという意識が働き、撤退のタイミングが遅れてしまうことです。**
確実にうまくいっていない事業を、自分が担当しているタイミングで失敗認定したくないという理由から、責任回避の目的で撤退せずに継続してしまうケースは枚挙にいとまがありません。

では、「撤退基準の具体的設定」とはどういったものでしょうか。
どの時期までに何をどこまで達成していなければ撤退するのかという定量・定性的な基準をつくるということです。

そのためには、**撤退に至る可能性のある「リスクシナリオ」についてもそのパターンを想定し、対応方法を検討しておく必要**があります。
こういう「リスクシナリオ」が発生した場合はこう対処する、それ

でも改善できず想定した撤退基準を超えたら、即時撤退する。

「撤退基準」については、業績や投資対効果だけでなく、既存事業とのシナジー、人材の活性化や教育に対する影響、ブランド効果、リクルーティング効果なども含めて総合的に考えておく必要があります。

また、撤退を単に失敗と断じるのではなく、原因分析や改善できた点の考察も含めて、会社の経験値、ノウハウとして積み上げる仕組みをつくっておくことが非常に重要です。

〈撤退する基準をつくる〉

「組織体制・メンバー・役割分担」を決める

　では、「新規事業開発」はどんな能力の人が、どんな役割で、何人でやるのが最も成功確率が高いのでしょうか。

　もちろん、「新規事業開発」の事業テーマによって、変わるものではありますが、多くの事例を見てきた私の経験では、**人数については２人か３人がベスト**だと思います。
　人数が増えると、タスクを分散することができ、スピードが増すように感じるかと思います。しかし実際は逆です。

　「新規事業開発」においては、関係者全てが高いモチベーションと貢献意識を持ちながら自分が経営者のつもりで動かないといけません。
　しかし、人数が増えてくると、この「責任の意識」が薄れてきます。
　また、組織としての意思決定も人数が増えれば増えるだけ遅れます。
　メンバーの考え方にズレも生じてきて、皆の意識や考え方を統一し、ベクトルを合わせて進んでいくことが大変難しくなります。
　まさに、「船頭多くして船山に登る」です。

　さて、ではその２人か３人はどんな役割をする人がいいのでしょうか。もちろん、これについては個々の特性がありますので、なかなか一概に論ずることは難しいです。

　しかし、大きく一般化して考えますと、「新規事業開発」の成功に必要な能力は次に紹介する４つです。

　わかりやすくするために、まだ法人化されていないケースも含めて、

「新規事業開発」のチームメンバーを、CEO（最高経営責任者）を筆頭とした「経営チーム」として論じていきます。

まずは、「CEO的能力」です。

会社を代表する顔として情報発信を行なったり、事業を最も愛し、理解し、考えることができ、あきらめずリーダーシップを持って社内外を引っ張っていく能力です。

次に、「CFO（最高財務責任者）的能力」です。

お金の流れを理解し経理処理などの確認・チェックができる能力と金融機関対応、投資家対応ができる能力です。

スタートアップ期においては、財務・経理部長的な能力だけではなく、人事・総務部長的な能力も必要になってきます。

すなわち、スタートアップ期におけるCFO的能力とは「守りを固める能力全て」です。

CFOは、CEOがアクセル全開で事業を進めていく時に、ちょっと待てとストップをかけて再検討を促すような「ブレーキ役」の役割を担う必要もあります。

「COO（最高執行責任者）的能力」も必要です。

CEOの意向や考え方を理解し、その理想の未来を実現するために全ての業務執行を行なう能力です。

まさに会社のNO.2として、CEOの考えをわかりやすく説明しながら、全ての部門の執行について行なう重要な役割を担います。

スタートアップ期においては、CEOにCOO的能力がある場合には、COOを設置しないこともよくあります。

「CTO（最高技術責任者）的能力」はどうでしょうか。

CEOの意向や考え方を理解し、その理想の未来を実現するために、テクノロジーについて関係する全ての業務執行を行なう能力です。

スタートアップ期においては、CEOにCTO的能力がある場合には、CTOを設置しないこともよくあります。

　また、事業内容が、テクノロジーがメインではない事業においては、CTOを置かず、外部アウトソーサーがその役割を担う場合もあります。

　さて、ここまで、どんな能力が経営には必要かということについて確認してきました。

　では、最適な「経営チーム」が2人の場合と3人の場合は、どんな能力の人で経営していくべきなのでしょうか。

　「経営チーム」を2人にする場合は、必ずCEO的能力の人とCFO的能力の人の組み合わせにしないといけません。

　経営には、必ずアクセルとブレーキ、攻めと守りが必要です。

　そう考えると、2人で経営チームとする場合は、CEO的能力とCFO的能力が必要なのです。

　その場合、COOの役割はCEOが兼務し、CTOの役割は外部の優秀なアウトソーサーに依頼することが妥当です。

　あるいは、CEOがCOOの役割とCTOの役割のどちらも担うこともあります。

　しかし、**CFO的役割については事業のブレーキ役ですから、必ず独立した存在として「守り以外の業務を兼務させない」**ことが重要です。

　さて、経営チームを3人にする場合は、どうでしょうか。

　まず、CEOとCFOは必須です。

　あと1人をどうするかという問題です。

　まず、テクノロジーが事業のメインの会社の場合は、CTOの役割が非常に重要になってくるので、もしCEOがCTO的能力を持たない

場合は、CTOが必須となります。

一方、テクノロジーが事業のメインではない会社の場合、CTO的役割は外部の優秀なアウトソーサーに依頼することも可能です。
その場合は、COOを社内に置く形でマネジメントを行なっていくことになります。

以上、説明した通り、**自社の事業内容や経営チームの能力の偏り、得意分野によって経営チームの最適な在り方は変わってきます。**

あなたの会社は、どういう経営チームでやっていくことが1番いいのかを再度考えてみてください。

さて、経営チームの能力として他にはどんな能力が必要でしょうか。
多くの「新規事業開発」を見てきた経験から、シンプルに「明」「元」「素」が最も大切だといえます。

「明」「元」「素」とは、「明るく」「元気」「素直」なことです。
「新規事業開発」は、非常に息の長いチーム戦です。
その間に色々なことが起こります。
チームとして一体感を持ってやっていくためには、やはりムードが大切なのです。
「明」「元」「素」は経営チームに必要な能力です。

もう一つ、大企業の「新規事業開発」の場合に必要な能力があります。
それは、**「関係する社内部門とのコミュニケーションが円滑に行なえる」能力**です。

「新規事業開発」によって、本当に意味のある価値創造を行ない、事

業成果を上げていくためには社内の他部門の協力は欠かせません。

　関係部門との調整ができる人材を経営陣に入れることはもちろんですが、「新規事業開発」のプロジェクト自体が、「社長直轄プロジェクト」や「担当役員直轄プロジェクト」として全社にしっかりと「社内広報」されていることは、非常に重要な成功に必要なポイントです。

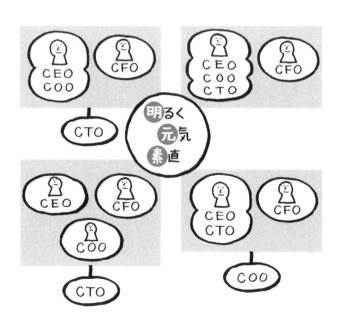

2-9

「社内を説得する準備」を進める

　さて、特に大企業の「新規事業開発」においては、残された極めて大事なステップがあります。

　それが「社内説得」のステップです。

　このステップをクリアして初めて「新規事業開発」が実際に動き出すことになるので、「社内説得」に必要な「11のポイント」について解説していきましょう。

1. 戦略的な効果の大きさ

「新規事業開発」の目的、ゴールについては「会社全体への価値創造（「新規事業単体での価値創造」と「既存事業への付加価値創造」の総和)」を見る必要があると学んできました。

「新規事業開発」が会社の未来にとって、どんな戦略的効果があるのかについて、新規事業単体だけではなく、既存事業への付加価値の観点からも、しっかりと説明できるようにしておくことは、「社内説得」において極めて有効です。

「戦略的な効果の大きさ」について、わかりやすく説明することが「社内説得」の重要なカギになるのです。

2. 成長可能性（アップサイド・ポテンシャル）

「想定できる程度の未来」は、誰にとっても面白くありません。

「新規事業開発」においては、**想定以上の「成長可能性（アップサイド・ポテンシャル）」がある事業のほうが採択可能性は圧倒的に高くなります。**

「化ける」可能性のある新規事業は、大変、魅力的に見えるということです。

3. 競合への優位性の構築

会社は常に競合他社と戦い続けています。

新規事業について考えるよりも、既存事業について考えるほうが容易ですし、経営陣といえどもついつい既存事業について考えている時間のほうが長くなってしまうものです。

そういった環境では、「新規事業開発」によって「競合への優位性の構築」ができるのであれば、まさに「願ったり叶ったり」です。

しかし注意しないといけないのは、**「競合への優位性の構築」が「新規事業開発」の過程で自然と生まれることはほぼ皆無**だということです。

意識的に、「競合への優位性の構築」について考えましょう。

それは、「販路」かも知れませんし、「製造工程」かも知れませんし、そもそも「新規事業開発」への挑戦そのものが、大企業の固定したイメージを打ち壊し、競合よりも魅力的に見えるきっかけになるということかも知れません。

知恵を絞れば、必ず道は開けます。意識して取り組んでください。

4. 成功事例の共有

「社内説得」においては「成功事例の共有」が極めて有効です。

　成功した事例があるならやってみるか、と上司が「オッケー」を出しやすいためです。

　全く同じ分野の似たようなビジネスモデルの成功事例があるなら、その事例をしっかり共有し、今回のビジネスモデルはそれとどう違うのか、何が優位性なのかをしっかりと説明することが必要です。

　また、違う分野のビジネスモデル、あるいは似た分野の違うビジネスモデルでの成功事例の場合は、「アナロジー（類推）」をうまく行ない、なぜ今回のビジネスモデルの場合でも、成功できるのかを説明しないといけません。

　どちらにせよ、似た成功事例を集めることから始めていきましょう。

5. 事業リスクファクターの明示

　日本の大企業の中で役員まで昇りつめることはなかなか大変です。
減点主義の中、大失敗をしないようにリスクコントロールをして出世してきた役員の皆さんは、リスクに対しては極めて敏感です。

　もちろん、「新規事業開発」にはリスクがつきものであることは、皆、頭では理解していますが、拒否反応のため行動に移せません。
　ですから、先にこちらからリスクの所在とその範囲、その対処策を共有しアドバイスをもらうこと。
　これは、極めて有効な手段だと意識しておいてください。

6. リーガル・リスクの確認

リスクについては、「事業リスクの確認」だけでは不充分です。

法的な問題、「リーガル・リスク」についても事前に考えられるだけ洗い出し、潰し込み（解決方法の準備）を行ない、弁護士コメントをとっておく必要があります。

もちろん本格的な調査は、「新規事業開発」のプロジェクトが動き出してからでいいので、事前確認ではネット調査などで、複数の弁護士の方の意見を確認しておく程度で充分です。

7. 最大投資金額についての数字の裏づけ

人は、未知のものに対しては腰が引けてしまいます。
「初めての道」は、「何度も行き来した道」よりも遠くに感じてしまうものです。

「新規事業開発」は未知への挑戦ですので、できるだけイメージを持ちやすくすることが「社内説得」への近道です。

特に失敗事業でずるずると損失が膨らんでいくことは、最も避けたい事態ですから、**最初に「最大投資金額についての数字の裏づけ」を明示することで、役員の皆さんの不安はかなり解消されます。**

初期投資、追加投資及び起こり得る損失金額の総和と時期については、事前に確認しておきましょう。

これについては、やぶへびにならないように、最初から事前説明の中には入れずに、もし役員から質問があった場合にスラスラと答えられるように準備しておく、ことが有効です。

8. 撤退ラインの明示

　リスクの確認と共に大切なのが、「撤退ラインの明示」です。
「新規事業開発」成功のコツとして、「撤退基準を具体的に設定する」
必要があることは勉強しましたが、その**撤退ラインをわかりやすく明
示**しておくことで、「社内説得」は格段にやりやすくなります。

9. 社内キーマンへの根回し

　大企業においては、自分が全く聞かされていないことについて、強
い拒否反応を示す役員も多くいます。
　特に「社内説得」においてカギを握る社内キーマンに対しては、**必
ず事前説明を行ない、意見を聞いておく必要があります。**

　これは、「新規事業開発」の本質とはそもそもそも関係ない部分で
すから、面倒に感じることがあると思います。
　しかし、この根回しがあるだけで、無用な時間を節約できると考え
れば、やらない手はありません。

　こういったことも大企業で「新規事業開発」を成功させるためのカ
ギというのは忸怩たる思いもありますが、明らかにその後の進めやす
さが変わってきます。
　しっかりと根回しはしておきましょう。

10. 外部権威者のお墨つき

　あなたの会社で進めていく「新規事業開発」の分野において、外部
に誰か、有名な権威者の方はいませんか？

　そういった**「外部権威者の方からのお墨つき」は効果抜群ですし、
お墨つきはもらえないまでも、ヒアリングをしてマーケットに対して**

のポジティブな意見をもらっているということも「社内説得」においては非常に意味があります。

　戦略コンサル会社においても、マーケットの全体像や知るべきポイントを理解するために、そういった外部の権威者やプロフェッショナルの方の意見を聞き、クライアントへの報告資料に入れることはよくあります。
　大いに参考になりますし、クライアントの説得材料としても非常に効果的でした。

〈社内説得の重要性〉

11. 顧客の生の声

最後に、やはり説得力があるのは「顧客の生の声」です。

想定ターゲットと考える顧客に対しての、ヒアリング内容をまとめておくことは「社内説得」におけるキラーコンテンツです。

何よりも、顧客に聞くということが「新規事業開発」の成功への近道でもあります。

机上でチームメンバーと何時間も議論するより、ターゲット顧客の生の声を聞きにいくことのほうが、より示唆に富んだアイディアをチームに授けてくれます。

顧客はどこに不便や不満を抱えているのか、本当に求めていることは何なのか、それを解決するにはどうするべきなのか、しっかりと顧客に聞きましょう。

具体的な顧客ヒアリングの手法やノウハウについては、この先の章で一緒に学んでいきましょう。

〈社内説得の技術〉

2-10
「新規事業開発」の
チェックポイントを整理する

　成功するための「新規事業開発」のコツについて、ここまで色々な視点から学んできましたが、「新規事業開発」を推進していく中で、ついつい初心を忘れがちになってしまうので、最後に間違った進め方をしていないかチェックできるように、意識すべき5つのチェックポイントについて学びましょう。

1. アンフェア・アドバンテージを活かせているか?

「アンフェア・アドバンテージ」とは何でしょうか。
　わかりやすくいうと、**大企業が持っている特別な優位性のこと**です。
　知名度、ブランド、信用、お金、人材、物流ネットワーク、チャンネル、顧客、データ、グループ会社、取引先など、大企業には中小企業やスタートアップ企業が持ち得ない、圧倒的な優位性を最初から持っています。

　これをしっかりと活かせているかということです。
　大企業にとっては、この「アンフェア・アドバンテージ」は、「独自性」にもつながる部分ですから、大企業には「大企業ならではの新規事業開発」の戦い方があります。

　大企業は、中小企業やスタートアップ企業と同じような戦い方をしてはいけません。
　大企業にしかできない規模のメリットを活かした戦い方をすることが成功への近道です。常にそのメリットを活かしているかをチェックして進めましょう。

78

2. 過去の成功体験や常識を捨てられているか?

　一方、大企業の最大の弱点は、過去の成功体験や常識をなかなか捨てられないことにあります。

　時代も変われば、市場も変わります。競合も変わります。

　顧客の気持ちは常に変わり続けます。

　まさに「諸行無常」。

「新規事業開発」において、過去と同じことなど一つもないのです。

　この極めて当たり前の「真理」を、人は時として忘れてしまいます。

　過去の成功体験や常識を捨てて、しっかりと今を見つめられているか、常にチェックしていきましょう。

3. 通常の数倍速で動けているか?

「新規事業開発」は「スピード」が命です。

　大企業の意思決定のスタイルに慣れてしまうと、たとえ若手であっても、現場で「持ち帰って検討します」といってしまいます。

　たとえ「即断即決」が求められる場面であっても、自分には決断できないことがあると認識できているかがポイントです。

　大企業での通常の動き方の「数倍速」で動けているか自問自答しましょう。

　それくらいがちょうどいいのだと体で覚えていくしかありません。

　また、大企業の経営層は、自らが「新規事業開発」のスピード阻害要因になっていないか、しっかりチェックしてください。

「あの資料を出せ」「これはどうなっているんだ」。その発言がスピード阻害要因になるのです。

4. 常に「顧客視点」で考えられているか?

当初は常に「顧客視点」で考えていても、いつの間にか「つくり手側の論理」や「大企業の組織内での論理」が判断基準になっていませんか?

顧客は常に、移り気で敏感なのです。ごまかしは効きません。

常に顧客が正しいのです。

我々は顧客の動きに敏感になり、「顧客視点」で「新規事業開発」を進めていかなくてはいけません。

5. 予想と違う結果から学び、対応できているか?

「新規事業開発」においては、常に計画を立て、仮説を持って動きます。

しかし、予想通り、計画通りにいくことのほうが珍しいくらい、ことごとく予想外のこと、計画通りにいかないことが発生します。

予想と違う結果が出て当たり前なのです。

そう考えて、予想と違う結果から学べるか否か、またそれに対応できるか否か、ここが成功と失敗の大きな分かれ目になります。

予想通りに進んでいる時にこそ、「あれ、何かおかしくないか」と、来し方を振り返られるように心の準備を整えておきましょう。

「新規事業開発」には失敗はありません。

全ては学びなのです。この貴重な学びを活かすも殺すもあなた次第なのです。

New Business Development

第 **3** 章

新規事業のネタを探す

新規事業のネタづくりにも
決まったアプローチがある！

「新規事業開発」のネタはどう見つけていけばいいのでしょうか？
よほどのアイディアマン以外は、閃くことはまずありません。日々、
世界中の人が考えているわけですから、あなたの考えたアイディ
アは、ほとんど過去に誰かがやっているでしょう。しかしそれでも、
発想力を磨き、アイディアを出さなければならないあなたのため
に、新規事業のネタづくりのコツを言語化しました。習うより慣
れろ！ まずはやってみてください。

3-1 「ビジネスモデル」とは何かを把握する

さて、いざ「新規事業開発」をすることになっても、何からやればいいのかよくわからないという方が多いのではないでしょうか？

新規事業のネタ探しにあたり、まずは基礎的なところから進めていきましょう。

私のもとには、毎月20近くの新規事業の事業計画書が、スタートアップの方から寄せられます。出資依頼です。

送って頂いた分厚い事業計画書を見ていつも感じるのは、「これはビジネステーマであって、ビジネスアイディア、ビジネスモデルにまで昇華されたものではないな」ということです。

さて、では「ビジネステーマ」「ビジネスアイディア」「ビジネスモデル」とは何で、何がどう違うのでしょうか。

順に見ていきましょう。

〈ビジネステーマ・ビジネスアイディア・ビジネスモデル〉

ビジネステーマ	ビジネスアイディア	ビジネスモデル
参入分野の決定	参入分野で**勝つ**ためのキードライバーになる**工夫や仕組み、独自性**の開発	「ビジネスアイディア」を実現するためのリアリティを持った**航海図**の策定
↑	↑	↑
単なる「ビジネステーマ」でしかないものを、「ビジネスモデル」と勘違いして、思考がストップしているケースが多い	「ビジネスアイディア」だけでのウルトラCは考えにくく、**仕組み化**が重要である	「ビジネスモデル」とは、単なる「モデル図」「スキーム図」ではなく、「**明日からビジネスを始めるための手引書**」である

「ビジネステーマ」とは、「参入分野の決定」のことです。

「女性の活躍を支援するサービス」や「シニア世代が便利に買い物ができるサービス」などをイメージしてください。

多くの方は、この「ビジネステーマ」の段階で、自分たちが勝てると信じ込んでいます。

「ビジネステーマ」を思い付いただけで満足して、思考がストップしてしまうのです。

しかし、同じようなテーマの事業は、世の中にはたくさんあるということを認識してください。

そして、どんな会社がどんなサービスを展開しているかを調べてみましょう。また、その事業内容を顧客、商品・サービス、価格、強みなど、どんどん分解・分析してみましょう。

「ビジネステーマ」は「新規事業開発」の入り口にしかすぎません。

次に、「ビジネスアイディア」とは、「勝つためのキードライバーになる仕組みや工夫（独自性）」のことです。

自社は他社と違ってどんな特徴があるのか、強みがあるのか、自分たちでないとダメだといえるのか、自分たちのサービスが1番なのか、徹底的に問い続けましょう。「新規事業開発」で最も重要なのはこの部分です。

最後に、「ビジネスモデル」とは、「ビジネステーマ」に対して「ビジネスアイディア」を活用し実現していくための「リアリティのある航海図の策定」のことです。

お金の流れ、サービスの流れ、役割分担が明確になり、この事業を推進していくために、いつ、誰が、何を、どうするのか、「TO DO（やるべきこと）」が明確になっているもの、それこそが「ビジネスモデル」です。

「ビジネステーマ」「ビジネスアイディア」「ビジネスモデル」。それぞれの違いをしっかりと認識して、磨き上げていきましょう。

3-2

「できない理由」を捨てる

　「新規事業開発」のアイディア出しで１番大切なことは「できない理由を捨てる」ということです。法律、業界の常識、社内の問題（予算、人、組織）に縛られていませんか？

　成功する「新規事業」は、往々にしてできないと思い込んでいたことを変えてきた、そんな変革者たちによって生み出されています。

　時間はかかっても、法律は変えてしまえばいい。

　通信業界では先人たちが、法律の壁に果敢にチャレンジしていました。業界の常識に縛られない他業界からのチャレンジャーが、いつも業界を変えてきたのです。

　社内の問題など、それに比べれば大したことはありません。

　予算も人も組織も、「どうすればできるのか」を必死に考えて、チャレンジした者のみが動かすことができるのです。

　さあ、「できない理由」を捨てることから始めましょう。

〈できない理由を捨てる〉

3-3

「変化」を丁寧に観察する

「新規事業」のネタ探しで大切なことは変化を観察することです。

時代が変化する時には、必ず新しい商品やサービスが求められることになるからです。

変化には、色々な変化があります。

(1) 時代の変化

少子化、高齢化、女性活躍、DX推進、AI化、仕事のリモート化、非接触、グローバル化、インバウンド活性化、SNS、動画、メディアの多様化、過疎化、買い物難民、空き家問題など。

(2) 価値観の変化

サステナビリティ、SDGs、省エネ、脱炭素、ハラスメント、多様性、LGBTQ、寛容、食糧廃棄への意識など。

(3) 規制の変化

改正通訳案内士法、働き方改革関連法、タワマン節税、贈与税、相続税、株式型クラウドファンディング、オンライン服薬指導、行政サービスのデジタル化、私立高校無償化など。

(4) 技術の変化

ビッグデータ、ブロックチェーン、NFT、サイバーセキュリティ、フィンテック、メタバース、ChatGPT、ロボティクス、ドローン、

ロケット、VR、クラウドなど。

（5）顧客との関係性の変化

　社会性重視、情報格差縮小、信頼、共感、ライフタイムバリュー、ロイヤルカスタマー、経済圏など。

　まさに様々な変化がありますね。変化を丁寧に観察しましょう。

　顧客の望むことや叶えられない想いなど、不満や不安があるはずです。**だからこそ、「変化」はチャンス**なのです。

〈変化を観察する〉

3-4 「ネタ探し」の7つのアプローチ

さて、「新規事業開発」のネタ探しには、7つのアプローチで考えていくとわかりやすいので、一つひとつ共に学んでいきましょう。

1.「タイムマシーン」アプローチ

これは、**他国や他業種、他業界で先に起こったことを、これから自国や自業種、自業界に起こるかも知れないと考え、対策を練って取り入れること**をいいます。あるいは、今、自国や自業種、自業界に起こっていることを、他国や他業種、他業界でもこれから起きるかも知れないと考え、先手を打つことをいいます。

アメリカで急成長しているビジネスモデルを日本で取り入れる、あるいは日本で急成長したビジネスモデルをASEAN諸国、インド、アフリカなどで展開することなどが、まさに「タイムマシーン」アプローチです。

〈タイムマシーンアプローチ〉

2.「守破離」アプローチ

「守破離」とは、武道や茶道などの芸の道、あるいは芸術の世界での師匠と弟子との関係で使われる言葉です。

まず弟子は、師匠に教わった「型」を徹底的に**守る**ことから始めます。「型」を習得することができたら、次に弟子は自分にあった手法や技術を付け加え、師匠から教わった「型」を**破る**のです。

そして、自分の技術や特性を理解した弟子は、師匠から**離れる**道へと進み、自分の新たな「型」を創ることができます。

これを「新規事業開発」にも応用してみます。

これまで守ってきた、自国、自業種、自業界でのやり方の「4W2H」を破り、離れてみるのです。

なぜ（WHY）、誰に（WHO）、何を（WHAT）、いつ（WHEN）、いくらで（HOW MUCH）、どうやって（HOW）、今まで当たり前だという認識で、全く疑いもしなかった既存事業の、この6つの要素を変えてみてください。新たな商品、サービスが見えてきませんか？

これが、「守破離」アプローチです。

〈守破離〉

3.「キーワードミックス」アプローチ

　これは、**今の社会的課題や注目を集めている「キーワード」をピックアップして、2つか3つの掛け合わせを考えていくアプローチ**です。

　先ほど学んだ「変化を観察する」という項目、「時代の変化」「価値観の変化」「規制の変化」「技術の変化」「顧客との関係性の変化」。それぞれの中で出てきたキーワードを掛け合わせてみてください。

　2つ3つ組み合わせてみると、新たなアイディアが浮かんでくるのではないでしょうか。

　その時に、もう一つ軸を加えるならば、「**ビジネスモデル（キャッシュポイント）の型**」でしょうか。
　これは、B2B、B2C、B2B2C、無料配布、サブスク、シェアリング、会員制、紹介制、広告、成果報酬などのことを指します。

　イメージしてみましょう。

- 高齢化×フィンテック×サブスク
- 女性活躍×メタバース×会員制
- オンライン服薬指導×ブロックチェーン×B2B2C

　など、何かイケそうな気がしませんか？
　これが、「キーワードミックス」アプローチです。

4.「コラボレーション」アプローチ

すでに世の中にある業種や業態の組み合わせを考えてみてください。そこに新たな発見があるはずです。

- 図書館×カフェ
- 銀行×コンビニ
- 本屋×保育園
- 道の駅×ホテル
- ジム×サラダバー
- 温浴施設×日本酒蔵元
- 花屋×バー

様々な組み合わせが考えられます。
これが、「コラボレーション」アプローチです。

〈コラボレーションアプローチ〉

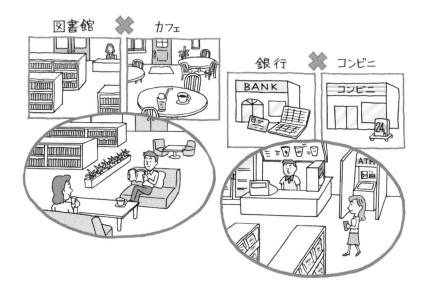

5.「ターゲットフォーカス」アプローチ

今後、ターゲットにしてみたい新たな顧客層はありませんか？

顧客層を広げず、一旦、「今後新規顧客として獲得したい新たな顧客ターゲット」を想定して、その本音を徹底的に深掘りしていくと、新たな可能性「新規事業」の匂いがしてくることがあります。

決して中途半端にせず、徹底的にそのターゲット顧客に対して、エッジを立てたサービスを展開するのです。

富裕層、シニア層、ギャル、受験生、アスリート、ダイエットしている人、シングルマザー、経営者、医師、士業など、ターゲットをフォーカスして、その生活や考え方、行動、不満、不安、お金の使い方など徹底分析してみてください。

これが、「**ターゲットフォーカス**」アプローチです。

そのターゲットに何をぶつけていくのか、最もインパクトが大きく自分たちが価値を提供できるものは何か。

楽しみながら考えていきましょう。

〈ターゲットフォーカスアプローチ〉

6.「カスタマージャーニー」アプローチ

「新規事業」は新たな顧客層のみが対象ではありません。

自社のメイン顧客について深掘りをして、新たな商品・サービスを提供することも立派な「新規事業」です。

では、既存顧客は購入までにいったいどんなステップを踏んでいるのでしょうか？

本当にしっかりと理解できているでしょうか。

カスタマージャーニーとは、顧客の思考や感情、行動を時系列に沿って可視化、言語化していく手法です。

その名の通り、まさに「顧客の旅」なのです。

「認知」→「検討」→「購入」→「利用」→「継続・再購入」→「推薦」と顧客はステップを踏んでいきます。

そのそれぞれのタイミングで、顧客は何を考え、何を感じ、行動するのでしょうか？ そのなぜ？ を考えることが重要です。

徹底的に「顧客目線」で、「ニーズ（あれば便利、嬉しいと感じる願望）」や「ペイン（どうしても解決したい課題）」の根源、ソリューションを考えていきましょう。

今までは思いもつかなかった新たな商品・サービスが見えてくるかも知れません。

これが、「カスタマージャーニー」アプローチです。

7.「アベンジャーズ」アプローチ

　最後のアプローチは、目線を社会や顧客に向けるのではなく、自社に向けるアプローチです。

　自社や自社グループ、提携先や取引先などの協力者の強みは何なのか、徹底的に掘り下げるのです。
　そして、その強みを集めるアプローチです。

　自社や自社グループの強みは何ですか？
　その強みを集めていくと、最強チームになるような分野は何ですか？
　上から下から、右から左から、裏から、斜めから。
　「ゼロベース」で、「他人目線」で客観的に評価してみてください。

　スタート時点では何もない徒手空拳の起業家に比べて、大企業の「新規事業開発」がいかに恵まれているか。
　お金、ブランド、ネットワーク、人材、信頼。
　全ての面で、どれほどありがたい状況なのか気づくはずです。

　この、**自社及び自社グループ、関連先の強みを結集して事業を考えるアプローチを、最強集団大集結なので「アベンジャーズ」アプローチといいます。**

　自社が全てのネットワークを駆使して、顧客に与えられる最高のサービスを生み出す仕組みは、まさにアベンジャーズです。

3-5

「ゼロイチ発想力」の磨き方

　では、このように「新規事業開発」を行なうためのゼロイチ、全く新しいことを発想する能力は、どうやって磨いていけばいいのでしょうか。これにも7つの方法があります。

1. 「新規事業開発力」を分解する

　そもそも「新規事業開発力」とは何でしょうか？
「新規事業開発力」とは、「そうぞう（想像・創造）する力」だと思います。
「そうぞう（想像・創造）する力」とは何でしょうか。
　それは、「想像力（Imagination）」と「創造力（Creation）」のことです。つまり、「夢を見る力」と「新しい価値を創り出す力」です。これを鍛えていく作業が「新規事業開発力」を磨く作業になるのです。

　「夢を見る力」は常に夢を見続けること、妄想することによって磨かれます。例えば、こんな社会になればいい、こんなサービスがあれば便利だ、と考えてみる。実現の可能性や収益性など、小さなことは気にせず、まずは夢想して楽しんでください。素晴らしい未来を想像するだけで、心が震えませんか？
　「新しい価値を創り出す力」は、何があっても達成させるという強い意志、あきらめない粘り腰、何度も何度もできるまで挑み続ける勇気と行動力によって生まれるものです。
　「新規事業開発力」は持って生まれた能力ではなく、**叶えたい未来を明確に意識して不断の努力を繰り広げる覚悟のあるファーストペンギン、サムライにのみ与えられる非常に特殊かつ素晴らしい能力**です。

2.「変化する」努力を繰り返す

「新規事業開発力」を磨くために必要なことは、「変化すること」です。

「行動を変えること」と「思考を変えること」の2つの変化によって、新たな力を手に入れてください。

まずは、「行動を変えること」です。

「新規事業開発」は、まだ世の中にない新しい商品・サービスを生み出すことです。

非常にクリエイティブな作業ですから、考えてもなかなかいいアイディアは出てきません。

ですから、「行動を変えること」とは「まずやってみること」です。

人は行動することによって、考え方、生き方が変わっていきます。

自分の頭で勝手にジャッジするのではなく、まずは動いてみること、行動を変えることによって新たな境地に近づくものです。

ただひたすら、トライ&エラーを繰り返すのみです。

あきらめることなく、飽きることなく、実直に答えを追い求めていきましょう。

次に、「思考を変えること」です。

「思考を変える」とはどういうことでしょうか。

今まで自分が正しいと思っていたこと、常識だと思っていたことに固執せず、一度全てを忘れてみること、そしてこれまでとは違う見方、考え方を積極的に取り入れること、これが「思考を変える」ということです。

頭が柔軟でないと、いいアイディアは生まれません。

それでは、「新規事業開発力」を磨く「7つの思考法」を共に学んでいきましょう。

（1）「鳥の目・魚の目・虫の目」思考法

「鳥の目」は、空を飛ぶ鳥のように高い位置から全てを俯瞰して全体を見ることです。

「魚の目」は、潮の流れや干潮満潮などの大きな流れを見失わないことです。

「虫の目」は、複眼で近づいて様々な角度から物事を見ることです。

色々な目で社会を、物事を捉えていきましょう。

同じ事象でも、違う角度や距離感で見つめてみることで、見えてくるものが全く違ってきます。

今まで気づかなかった新たな発見が必ず生まれます。

（2）シンプル思考法

これは、**何でも単純化して考えてみる思考法のこと**です。

長年、社会人経験を積んでいくとだんだん凝り固まった、常識という名の「思考停止」に陥ってしまいます。

世の中に起こっていることは、そんなに複雑なものはありません。

ついつい複雑化しようとしたり、難しい言葉で誤魔化してしまう自分を改めて、全てをシンプルに捉えていきましょう。

本当に大切なこと、真実はいつも簡単な言葉で表現できるものです。

本屋さんは、「本を買う場」なのでしょうか、「本を楽しむ場」なのでしょうか、「本と触れ合う場」なのでしょうか。

「本好きが集まる場」あるいは「本好きの憩いの場」でしょうか？

シンプルに考えて、シンプルに言語化してください。

ビジネスの本質が赤裸々に見えてきます。

(3) アナロジー思考法

　世の中の「真理」はそんなに複雑なものではありません。
　ある業種、業界で起こったことは、だいたい他の業種、業界でも同じように起こります。
　違う業種や業界で起こっている現象を、違うものとして捉えるのではなく、そこに何か共通点はないのか、差異点はどこなのか、しっかりと細やかに観察し、解決策を見つけること、これが「アナロジー（共通性から類推する）思考法」です。
　レストラン事業とお化け屋敷事業は全く違うものでしょうか？
　顧客に非日常のドキドキやワクワク感を届ける事業と考えれば、共通点があるでしょう。
　病院事業とホテル事業は違いますか？
　顧客に安心と信頼を与えて、心の安らぎを享受してもらう事業だと考えると、今までにない新たなサービスやソリューションが浮かび上がってくるのです。

〈アナロジー思考法〉

（4）四則計算思考法

　世の中で起こっている現象を、何も考えずにそのまま受け取っても何の面白みもありません。

　そのままではなく、足し算や引き算、掛け算や割り算で考えてみるなど、色々試してみましょう。

　四則計算の手法で、目の前にある事実や現象に色をつけて見ていくのです。そうすると世界は違って見えます。

　一気に輝きを増すのです。

　アイスキャンデーに「当たりクジ」を加えることで、単なる「おやつ」が「仲間とのコミュニケーションツール」に変わります。

　「当たった！」「外れた！」など、子供たちの楽しそうな声が聞こえてきそうです。

　スマホの機能を、本当に必要なものだけを残して引き算していくことで、子供やシニアが使いやすいスマホになります。

　ドコモの「らくらくホン」のヒットがイメージしやすいでしょう。

　高速道路の休憩施設であるパーキングエリアは、目的地に向かう途中の「中継地点」でした。しかし、最近は「ホテル」や「アクティビティ」を掛け合わせることで、パーキングエリアの「目的地」化が進んでいます。

　さあ、**四則計算思考法で、世の中にあるものを捉え直していきましょう。**

（5）数字思考法

世の中で起こっている現象を全て数字で捉え直してみてください。
例えば、カフェに入った時にはこう考えてみるのです。

このカフェの広さは何坪だろうか？
客席数は何席で、メニューから考えると顧客単価はいくらだろうか？
席数に比べて店員の数は足りているのか？
店員の人数から、人件費は月いくらくらいか？
ランチとディナーはどう違うだろう？　人数は？　顧客単価は？

せっかくのカフェタイムが全く癒やしにはなりませんが、ビジネスが立体的に見えるきっかけになるのです。
数字で見ていくと、気になるポイントが変わってきます。

全く店員がいない無人店舗で運営したら、コストはかなり減りそうだが、どうすれば可能だろうか？
店員の質と量をパワーアップして、顧客に極上のサービスを提供できるカフェにすれば、顧客単価はどれくらい上げられるだろうか？

数字で見ると、新たな発見が生まれます。

新規事業のネタ探しは、「右脳」が全てのように誤解されがちですが、数字として見ることでイメージを膨らませる（「左脳」を使う）ことで、今まで気づかなかったビジネスアイディアが可視化されてくることもあるのです。

(6) ブリコラージュ思考法

「ブリコラージュ思考法」とは、今手元にある材料、素材だけを活用して他と全く違う、インパクトのある差別化を達成するための考え方です。

「新規事業開発」の現場では、予算がない、人がいない、ノウハウがない、経験がない、とまさに「ないない尽くし」なのです。

そんな時に、ないものねだりをするのではなく、あるものだけを寄せ集めて、工夫して器用に活かしていく。
柔軟性を持って、変化や突発事象を楽しむ。
そんな考え方、思考法を身に付けていくことが重要です。

思い通りにいかないことこそが、「新規事業開発」です。
恵まれた環境にいる大企業の皆さんには、特に「ブリコラージュ思考法」を身に付け、実践して欲しいです。

〈ブリコラージュ思考法〉

(7) 侘び寂び思考法

「侘び寂び思考法」とは、何でしょうか。

「侘び」とは、不完全さ（imperfect）を面白がる心のことを指します。西洋は完全、完璧、シンメトリーを重要視する文化です。**不完全さを楽しむこと**、これは日本人の素敵な感性です。

「寂び」とは、うつろいゆくもの（impermanent）を愛でる心のことを指します。西洋は永遠の美を重要視する文化です。

経年劣化を楽しむこと、これも日本人の素敵な感性です。

このように、日本人ならではの感性を活かして不完全で移ろいゆく、そういった価値を味わうようなサービスはつくれないでしょうか？「新規事業開発」においては、ついつい完全で変わらないものをサービスにしたくなってしまいます。また、そういうもの以外ダメだという固定観念があるようにも思います。

日本人が大切にしてきた日本人ならではの感性を活かした「侘び寂び思考法」は、新たなサービスを考える大きなヒントを与えてくれると思います。

〈侘び寂び〉

「新規事業開発」のネタ探しに使える7つの新たな思考法を学んできましたが、いかがでしたか？

経営に近道はありませんし、「新規事業開発」もまた然りです。
新たな思考法を取り入れて、まずは情熱を持って、寝ても覚めても徹底的に考えてみてください。

そうすると、必ずこれまでとは違った発想が出てくるはずです。
また、考えるにあたっては、ただ机に座っているのではなく、人に会いに行ったり、自ら体験する肌感覚を大切にしてください。
リアルな体温が感じられるような、そんなアイディアが必要です。

では、アイディアがまとまったら、どうすればいいのでしょうか。
まずはそのアイディアをしっかりと寝かせて、発酵させてください。
アイディアは、思い付いた時にはいい部分しか見えないものです。"これはすごい！""誰も思い付かない！""世界初だ！""自分は天才ではないか！"ついついそう思ってしまいます。

しかし、よく調べてみると似たようなものがあった、もっと進んだビジネスモデルが市場で急成長している。現実とはそんなものです。
一晩寝かせて、熟考した上で改めて自分のアイディアと向き合ってみましょう。

すぐに結論を出すのではなく、何度も何度も検討し練り直す。
そしてまた、熟成させて再度検討する。

地道にその作業を繰り返すと、いつしか非常に味わい深い、限りなく正解に近い答えが、うっすらと浮かび上がってくるものです。

3-6

ヒントになる「具体的ビジネステーマ」

　ではここで、私が今注目している「新規事業開発」の新たなビジネステーマについてお話ししていきましょう。

　私の時代感覚、問題意識から出てきているビジネステーマです。
　これをヒントに皆さんのほうでもアイディアを膨らませてみてください。今後、ますますマーケットが拡大するキーワードです。

1. パーソナルAI（マイAI）

　そう遠くない未来に、誰もが自分専用のAIを持つようになるでしょう。コンピューターがマイコンになり、パソコンになり、スマホになったように。

　どんどん安価で機能性の高いものに進化していくことは間違いありません。やはりスマホに搭載されるようになるのでしょうか。
　誰もが一度は、「自分がもう一人いれば便利なのに」と思ったことがあるでしょう。いよいよその夢が叶うのです。

　完全に自分の知識やノウハウ、考え方をコピーさせるためには、様々な問いと答え、経験をパーソナルAIに学習させないといけません。自分で育てていくのです。

　この「育てる」という過程そのものが充分なエンターテイメントになりそうです。昔、流行った「たまごっち」のように、自分の分身を生み育てていく事業、色々な展開が期待できそうです。

第3章 新規事業のネタを探す

103

2. ジャパンマニア

　東京、京都のみならず様々な場所でインバウンド観光が盛り上がっています（2024年10月時点）。円安もあり、安全で美しく、美味しく、安く、歴史と文化を堪能できる国として、日本の需要はますます高まるでしょう。

　来日している外国人観光客の中には、もう何度も日本を訪れている方もいらっしゃいます。

　これまでのような爆買いや観光名所を観光するだけでは味わえない、さらにマニアックな日本を知りたい、体験したい、買いたいと思っている外国人が増えています。 まさに、「ジャパンマニア」です。わかりやすい「日本」だけではなく玄人受けするマニアックな「日本」を知ることができる外国人向けのサービスが必要とされているのです。

　インバウンドもアウトバウンドも、これからは「ジャパンマニア」という言葉がキーワードになってくるでしょう。

〈ジャパンマニア〉

3. トライブプレミアムサービス

　SNSの発展と共にマーケティングの世界は随分変化してきており、今は「トライブ」に注目が集まってきています。
「トライブ」とは、共通の興味関心、趣味嗜好、ライフスタイルを持った集団のことを指します。

　EXILLE TRIBEのTRIBEと同じで、「部族」や「一族」を意味します。わかりやすくいえば、「○○好き」の集まりのことです。

　性別、年齢、地域などのデモグラフィック（人口統計）に基づく区分ではなく、サイコグラフィック（消費者の心理）に基づく区分で分類しているわけです。
　このトライブは、SNSなどで可視化することができるようになってきています。

　また、例えば「お酒好き」を「ワイン好き」「日本酒好き」と分けたり、「鉄道ファン」を「乗ることが好き（乗り鉄）」「撮ることが好き（撮り鉄）」と分けたり、細分化していくことが可能です。

　非常にその行動に特徴があり、可視化できていて、細分化できるわけですから、このそれぞれのトライブにあった「プレミアムサービス」は面白いテーマだと思います。

　顧客を分解し、自社のロイヤルカスタマー、優良顧客への依怙贔屓サービスをすると理解してもいいでしょう。
　一つのトライブへのサービスと考えるだけではなく、いくつかのトライブを結び付けるようなプレミアムサービスと考えても面白いと思います。

4.「for JAPAN」

時代が「社会性」を強く求めるようになっています。

社会性のない事業は淘汰され、長く維持発展していくことはありません。

その文脈の中で、「日本のために」「日本のいいものを世界に」といったメッセージが今、日本で強く支持されるようになっています。

まさに「for JAPAN」です。

この「for JAPAN」をくすぐるサービスは、今後しばらくは追い風を感じられるはずです。

それぞれの業種、業界で「for JAPAN」のアイディアを練ってみてください。

5. 拡散するリアル

リアルイベントは、集まる人々の熱量、想いが乗り、その相互作用でとてつもないパワー、影響力を持つことがあります。

しかし、その一期一会のパワーはその場にいた人のみに限定的に伝わるもので、なかなか拡散させることが難しいものでした。

今、オンラインの技術向上によって、瞬時に、より多くの人に、動画を通じて「リアルの熱量」を拡散する能力が急速に進歩しています。私は、これを「拡散するリアル」と呼んでいます。

この「拡散するリアル」に関連した事業は、ますます必要とされます。より技術力の高いサービスなのか、顧客を巻き込むサービスなのか、この技術を使った他のビジネスへの応用なのか、いずれにしても「拡散するリアル」は重要なキーワードの一つとなります。

New Business Development

第 **4** 章

ビジネスモデルを構築する

ビジネスモデルのつくり方には
コツがある！

多くの起業家や新規事業担当者はビジネスモデルの意味を誤解し
ています。余計な部分に目がいき、顧客は誰なのか、顧客が本当
に求めていることは何なのかを掘り下げきれていません。本当に
大切なのは、顧客が求めていることにいかに応えられるかです。
それだけなのです。どうすれば、迷子にならないでまっすぐに顧
客と向き合えるのか、具体的に示しています。しっかりと顧客を
観察し、勝てるビジネスモデルのつくり方を学びましょう。

「新規事業」を生み出す基本的な考え方を整理する

1. 事業の4W2Hを明確にする

まず「新規事業開発」においては、事業の4W2Hを明確にすることが最も重要だと強く意識しましょう。

「なぜ（WHY）」
「誰に（WHO）」
「何を（WHAT）」
「いつ（WHEN）」
「いくらで（HOW MUCH）」
「どうやって（HOW）」

わかりやすく、シンプルに言語化してみてください。

細かな調査がなくても、これだけで事業の評価は可能です。
事業の4W2Hを見て、魅力がないもの、購買イメージが想像できないものは、その時点でダメなのです。絶対にうまくいきません。

事業の4W2Hは、まるで事業判断のリトマス試験紙のようなものです。経営チームで何度も何度も、この4W2Hでシンプルに議論してみてください。
事業の深堀りは、その後の話です。

2. ナンバーワンを目指す

　次に、ビジネスモデルの構築においては、必ず「ナンバーワンを目指す」ことを忘れないでください。2番ではダメなんです。

「身の丈にあった」は呪いの呪文です。
　必ず、**ある分野で日本一、世界一を狙えるもの、それを狙うことこそが「新規事業開発」の醍醐味**です。

"他にもっといい商品があるけど、うちの商品はそれを知らない人にそこそこ売れたらいいから"
"この分野には圧倒的1位のサービスがあるから、できるだけそこに似せておこぼれをもらおう"

　そんな発想で生み出された商品やサービスを、消費者は選ぶでしょうか？

"女性向け商品全体ではトップに立てないけど、女子高生向けではトップを狙う"
"家庭教師サービスの中で、早慶の附属高校への合格率ではトップの実績をとりに行く"

　そういった心意気と努力、工夫が消費者には必ず伝わるものです。
マーケットを切り取り、「自分の土俵で戦う」ことは正義です。

　必ず、自社の商品・サービスは何のナンバーワンを目指すのか、意識をして進めてください。

3. ラストワンマイルを戦略的に戦う

ナンバーワンを目指すと共に、非常に有効なのが、「ラストワンマイルを戦略的に戦う」ということです。

ラストワンマイルとは、ビジネスで使われる時には、「顧客に商品・サービスが届けられる際の最後の接点」を指します。

ここでいかに顧客の満足度を高められるかこそが、継続率を上げられるかの大きな分かれ目になります。

この「ラストワンマイル」を「単なるコスト」だと考えないで、**徹底的に工夫すること、質を上げること、**これができると事業の成功確率は格段に上がります。

どうしても商品・サービスの内容そのものの議論に終始しがちですが、ラストワンマイルまで含めて商品・サービスであると考えることが極めて重要です。

また、「ラストワンマイル」の質を上げ、顧客満足度を高める仕組みやサービス自体も、非常に可能性のある「新規事業開発」のテーマといえるでしょう。

ラストワンマイルのレベルアップに、それほど競合他社の意識がいっていないならば、大きなチャンスです。

顧客の1番近いところで感動を与えられるようなビジネスモデルを、ぜひ考えていきましょう。

110

4. 神は細部に宿る

　もう一つ重要なことが、「神は細部に宿る（細部へのこだわりが事業の本質を決める）」ということです。

　最初から細かい部分にばかり気をとられると、「木を見て森を見ず（小さいことに心を奪われて全体を見ていない）」になってしまいますが、自分で理想的なビジネスモデルが完成したと思った瞬間から、本当の勝負は始まります。

　どれだけ細部にこだわって、「顧客満足度」を上げられるか、しっかりと意識しておいてください。

　たくさんの新規事業、経営者、経営チームを見てきましたが、やはり**成功している事業は全て、「神は細部に宿る」という意識で、一見気づかないレベルのものでも、丁寧に顧客に寄り添い、サービスレベルを日々高めているもの**でした。

〈神は細部に宿る〉

「顧客(CUSTOMER)」は誰なのか？

「新規事業開発」で1番厄介なことは何だと思いますか？
　それは、**「顧客は自分の本当のニーズを知らない」**ということです。

　既存の商品・サービスについては、使用方法、感想、問題点、改善点などいくらでも出てきます。
　しかし、「新規事業開発」においては、顧客さえ意識してなかった潜在的ニーズを捉えないといけないケースが多いこともあり、いわゆる顧客調査、アンケートなどが意味をなさないケースも多々あります。

　私はマーケターとして数多くの調査分析をしてきました。
　自らファシリテーターとなり、グループインタビューもこれまで何百回もやっていますが、「新規事業開発」の調査が1番難しいと感じています。

　全く世の中にない、新しい商品・サービスについて意見を求めると、「拒否」と「何となく評価」の大きく2つに意見が分かれるだけで、そこから新しいインサイトを得ることは難しいのです。

　まず、「拒否」の態度を表明される方は、"新しいものには興味がない"、"慣れていないやり方だと面倒だ" など、商品・サービスの使いやすさなどの問題というよりは、「新しい」ということに対しての「ネガティブ反応」が脊髄反射のように出てしまいます。

　また、「何となく評価」の態度を表明される方は、"新しい商品は好きだから嬉しい"、"今までと違うやり方に挑戦することは評価できる"

など、こちらも商品・サービスの使いやすさなどの問題というよりは、「新しい」ということに対しての「控えめなポジティブ反応」が、脊髄反射のように出てしまうのです。

「新規事業開発」においては、顧客は自分の本当のニーズを知らないのです。

よほどしっかりとした仮説を立て、上手にヒアリングしないと何のインサイトも出てこないと頭に入れておきましょう。

もし調査をするならば、「新規事業開発」では、アンケートやグループインタビューよりも、1対1のデプスインタビューが最も有効です。

しっかりと仮説を立てて深く聞いていきましょう。

デプスインタビューは、しっかりと対象顧客のイメージが絞れていて、その特徴がよく出ている相手の場合は**8人**、対象顧客ではあるものの、少し同質性に揺らぎがある場合は**12人**に聞いてみてください。

それでかなりのイメージは掴めると思います。

また、顧客を知るために使われる手法として、「ペルソナ」「クラスター分析」という手法があります。

特に大企業の「新規事業開発」においては、これを延々と繰り返し、自己満足をしているケースが多いように感じます。

私は、あまり「ペルソナ」「クラスター分析」を評価していません。

もちろんチームの皆が「共通の意識を持つための手段」として、意味がないとはいいません。しかし、実際の「新規事業開発」の現場では、あまり役に立たないどころか邪魔になるケースが多いと感じています。

初めての商品・サービスを、初めて定義した顧客ターゲットに販売

するわけですから、最初からうまくいくはずがないのです。

想定通りの反応にならないことが多いのは当たり前です。

ですから、**ターゲット顧客も、販売方法も、販売メッセージも全てピボット（方向転換）することが大前提**なのです。

ピボット前提でターゲット設定するのに大切なことは何か。

それはスピードです。ぐずぐず悩んでいる暇はありません。

ざっと大枠のターゲット設定をしたら、まずは動いてみること、テストマーケティングやテスト販売をしながら、ABテストを繰り返すことが大切なのです。

そのため、「ペルソナ」「クラスター分析」に時間をかけることは無意味だと考えているわけです。

「ペルソナ」とは、自社の商品・サービスを利用する典型的な架空の顧客像のことです。

「ペルソナ」は、年齢、性別、家族構成、居住地域、職業などの「デモグラフィック属性（人口統計的要素）」と、趣味嗜好、価値観などの「サイコグラフィック属性（心理的要素）」と、習慣、購入場所、購入方法、情報収集方法などの「ビヘイビアル属性（行動的要素）」を組み合わせて、つくられます。

集団というよりは架空の個人について、非常に細やかなレベルにまでこだわってつくる場合が多いです。

また、「クラスター分析」は、大きな集団から似ているもの同士をグルーピングしていく統計学的な手法です。

これは、かなり専門性の高い分析です。

似ているものをグルーピングするのに有効な因子を見つけ出し、それぞれのグループが全体の中で、どれだけいるのかを把握できるというメリットはあります。

　例えば、「上質洗練富裕層（15%）」「ファッションリーダー層（5%）」「安定・堅実層（30%）」、「トレンドフォロワー層（40%）」「無関心層（10%）」というように分類していくわけです。

　さて、「ペルソナ」「クラスター分析」についてどう感じましたか？「時間がかかりそう」ですよね。そうなんです。

「新規事業開発」において、顧客を知る上で最も大事なことは、「スピード」です。

「ペルソナ」「クラスター分析」には、スピード感はないといわざるを得ません。しかも、おそらく顧客ターゲットが想定通りにいくことは少ないので、何度も少しずつ修正していく必要があるのです。

　また、ターゲット顧客を決める時に重要なことは、「ターゲット層をイメージできること」と「ターゲット層にアプローチできること」です。

「ペルソナ」「クラスター分析」はこの、「ターゲット層にアプローチできること」の部分が弱いのです。

　関西弁でいうと、"その人ら、どこにおんねん？"です。

　このように、「新規事業開発」においては、過去の常識に縛られない、むしろ過去の常識を忘れ去ることが重要なのです。

　さて、ではどうやって顧客層を見つけ出せばいいのでしょうか。
　詳細の考え方は、第10章のマーケティングの章に譲りますが、シ

第4章　ビジネスモデルを構築する

115

ンプルに説明すると第3章で出てきた「トライブ」を見つけるということです。
「トライブ」とは、共通の興味関心、趣味嗜好、ライフスタイルを持った集団のことです。
　これならば、あまり時間はかからず、ターゲット層がイメージでき、SNSやその他の手段でアプローチも可能です。

　「シャンパン好きの女性」「ゴルフ好きの女性」「起業・経営セミナー参加者」。ターゲット層を「女性リーダー」にしたいと考えた時に、パッと想定できる「トライブ」です。

　ターゲット層を「健康食品を買ってくれる男性」にしたいと考えたら、「トレーニングジムに通う男性」「不規則な生活の男性経営者」「朝活をする男性ビジネスマン」などが想定できる「トライブ」でしょう。
　悩んでいる暇があったらまずは試してみましょう。
　違っていたら修正すればいいのです。ただそれだけです。

〈トライブが重要〉

4-3

顧客が本当に求めている「ベネフィット」は何か?

「**新規事業開発**」で最も大切なことは、**自社の商品・サービスが顧客にどんなベネフィット（効果や利益）をもたらすかという観点**です。

顧客が期待している以上のベネフィットを提供すれば、その商品・サービスは売れるでしょう。

顧客満足度も高くリピートするでしょう。

さらに、他の顧客を連れてきてくれるかもしれません。

「**顧客が本当に求めているベネフィットを見つける旅**」こそが「新規事業開発」であるといっても過言ではありません。

徹底的に顧客目線で想像し、擬似体験をし、テストマーケティングで顧客の反応を観察することが極めて重要です。

やはり近道はなく、「新規事業開発に王道はなし」なのです。

では、「ベネフィット」とは何か、誤解されている方も多いので具体的事例で見ていきましょう。

「**エアコン**」を買いにくる顧客の「**本当のベネフィット**」は何でしょうか?

出力でしょうか?

温度調整機能でしょうか?

省エネでしょうか?

コストパフォーマンスでしょうか?

もちろんこれら全て顧客が求めていることです。

しかし、顧客が求めている「エアコン」の「本当のベネフィット」は、「心地良く快適に過ごせる環境を得ること」です。

第**4**章　ビジネスモデルを構築する

心地良く快適に過ごせるソリューションが他にあるのならば、必ずしも「エアコン」でなくてもいいのです。

「ドリル」を買いにくる顧客の「本当のベネフィット」は何でしょうか？
　回転数でしょうか？
　使いやすさでしょうか？
　コスパでしょうか？

　顧客はドリルを買いたいのではなく、穴を開けたいのです。
　顧客はただ、その目的達成の方法を求めているのです。

「ワイン」を買いにくる顧客の「本当のベネフィット」は何でしょうか？
　味でしょうか？
　産地でしょうか？
　品種でしょうか？
　コスパでしょうか？
　もちろん全て顧客が求めていることです。

　しかし、顧客が求めている「ワイン」の「本当のベネフィット」は、人によって異なるかも知れません。

　ある人は「気の合う仲間との語らいの時間」かも知れません。
　ある人は「美味しい料理を引き立てるツール」かも知れません。
　ある人は「健康増進のための飲料」かも知れません。
　またある人は「効率のいい投資商品」かも知れません。

「ベネフィット」は顧客によって変わることもあるのです。
　ですから、**どんな顧客の、どんなベネフィットを満たすのかということをしっかりと考えていくことが大切**なのです。

118

4-4

「競合（COMPETITOR）」を分析する

　私は毎月、たくさんの会社の新規事業の事業計画書を見ますが、「競合分析」が甘い会社が非常に多い印象です。

　すでに同様の商品・サービスを展開している会社があるのに、自社だけしか同様の商品・サービスを扱っていないとアピールしているものはそもそも論外ですが、単に競合の悪口、競合に自社が優っている部分を述べているだけのものもあり、そのような事業計画書では意味がありません。

　また、**顧客ベネフィットの観点から考えた「代替商品」や「潜在競合」まで考えて「競合分析」をしている会社は、ほぼ皆無に近い状態**です。

　もっともっと競合の情報を収集し、競合からしっかりと学びましょう。そしていい部分は「**徹底的にマネる**」のです。

　顧客にとってそれがいいサービスならば、顧客ベネフィット追求のため、取り入れるのは当然のことです。
　では、まずは「**競合情報の集め方**」から学んでいきましょう。

ステップ1　世の中に出ている全ての情報を集める

　会社のホームページ、パンフレット、SNS、代表者のSNS、代表者の著書、広告物、業界ランキング、業界分析メディアの評価、口コミ評価など思い付くものは全て集めて、しっかりと読み込みましょう。

ステップ2 商品・サービスを購入し、体験してみる

会社のホームページやECサイト、ショッピングモール店舗などから商品・サービスを購入し、質問・問い合わせをするなどして、注文から送付、商品の受け取りやサービスの利用、アフターフォロー、アップセル・クロスセル、ロイヤルカスタマープログラムまで、一通りの流れを体験してみましょう。

ステップ3 ポジショニングマップをつくる

集めた情報を分析し、顧客の本当のベネフィットを意識しながら、「ポジショニングマップ」を作成し、自社と競合をマッピングしましょう。

「ポジショニング」とは、ターゲット顧客の頭の中に、自社商品・サービスの独自のポジションを築き、差別化されたイメージを植え付ける活動のことです。

私は、マーケティングの中で1番重要なステップが、この**「ポジショニング」**だと思っています。

「ポジショニングマップ」については、第10章マーケティングの章でも再度解説しますが、簡単にいうと、「縦横の2軸でつくられたマトリクス上に自社及び競合の商品・サービスを配置した2次元の図表のこと」です。

縦軸、横軸に設定するのは、「顧客の購買決定要因に大きな影響を与える要素」です。

わかりやすいものでいうと、**縦軸に「価格」、横軸に「品質」**を置いてみるといいでしょう。

購買決定要因は商品・サービスによって違うものですが、「デザインのお洒落さ」「使いやすさ」「安全性」「手軽さ」などもよく使われる軸になります。

　さあ、顧客ベネフィットをしっかりとイメージしながら、競合との差別化ポイントを考え、2軸を考えてみてください。

　世の中の常識、業界の固定観念にとらわれない、自由な発想で新たな軸を探してください。

　コンタクトレンズ業界ではその昔、いかに長持ちが可能な品質かということが勝負のポイントになっていました。

　しかし、煮沸消毒などが面倒だという声を受けて、新たな軸として「手軽さ、便利さ」ということを考えました。

　そして、「使い捨てコンタクトレンズ」という大ヒット商品が生まれたのです。

　また、回転寿司業界ではその昔、いかに新鮮に安く寿司を提供するかということが、勝負のポイントになっていました。

　しかし、子供連れの家族単位での顧客が増えてきた流れを見て「メニューの豊富さ、ユニークさ」という新たな軸を考えました。

　そして、デザートや唐揚げを提供するという大ヒットサービスが生まれたのです。

　また、同様に「顧客サービスの充実」という新たな軸から、子供に駄菓子やおもちゃを会計後にプレゼントするサービスを始めたのです。このサービスは、子供連れ家族層のリピート率向上に大きく寄与しています。

　あなたの会社、「新規事業」にとって「新たな軸」は何でしょうか？
　あきらめず、じっくりと腰を据えて探していきましょう。

第4章 ── ビジネスモデルを構築する

121

「自社(COMPANY)の強み」を分解する

　あなたは自社の本当の強みを理解していますか？
　明確に「イエス」と答えられる人はどれだけいるでしょうか。

　地方都市の魅力に地元住民が気づかず、移住者や外部者のほうがよりその魅力を語れるように、意外に自社のことはよくわからないものです。
「医者の不養生」も構造は同じことですね。

　大企業にはスタートアップ企業にはない強みがいっぱいあります。
　これを活用しないなんてもったいない！
「活用できる内部資源」を再度、整理確認してみてください。

　そして、自社の強みを理解できたら、その強みを活かす「ビジネスモデル」を考えてみましょう。

「ビジネスモデル」のつくり方は、「**社会が抱える問題や顧客の抱える課題が起点**」になるだけではありません。

「**目指すべき社会のために、自社が持つ強みから生まれるソリューションを起点**」に考える方法もあるのです。

　相撲の世界では金星といって、横綱が平幕力士に敗れるということがあります。
　スポーツの世界では「ジャイアントキリング」といって、圧倒的不利と思われていた弱者が強者を倒すことがあります。

ビジネスの世界でも同じです。
　圧倒的に有利だと思われていた大企業の新規事業が、スタートアップ企業に負けてしまった例は枚挙にいとまがありません。

　戦略とは戦いを略することです。
　万が一がありますので、戦わずして勝つのが1番素晴らしいのです。

　他社とはと違う「自分の土俵」で戦いましょう。
「自分の土俵」に引きずり込めたら、逆に弱者でも強者に勝つことが可能なのです。

　さあ、ポジショニングマップと格闘して、あなたの会社の「自分の土俵」を見つけ出してください。

〈自分の土俵で戦う〉

「ビジネスモデル」のまとめ方

「ビジネスモデル」のまとめ方ですが、**自分の会社と顧客、あるいは関係者の間での、「お金」の流れ、「情報」の流れ、「商品・サービス」の流れをわかりやすく整理**して1枚にまとめてみてください。

1枚の図表にシンプルにまとめると、事業の本質が浮かび上がってくるものです。

誰が見ても、「なるほど！ そういうビジネスなのか」とすぐに理解できることが重要です。

〈ビジネスモデル図〉

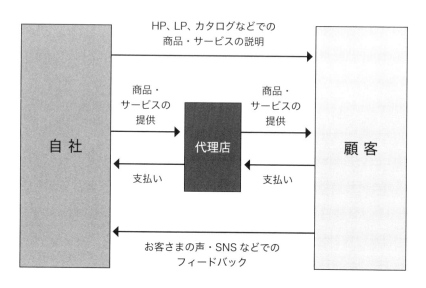

4-7

「市場規模」をフェルミ推定する

「市場規模」は、想定した「新規事業」において、どの程度の売上が見込めるかを推定するための基礎的な情報になります。

どういうステップで考えていけばいいでしょうか。

基本的に、**細かく「市場規模」を考えても、しょせん「絵に描いた餅」**です。

あくまでも、自分が論理的に事業を考えるトレーニング、他者に事業を説明する時のツールだと考えて、あまり細かく考えすぎないでください。

そもそもこれから新しく始めるビジネスですから、実際に調査をすることも難しく、いくつも仮説を積み重ねていかないと答えが見つかりません。

こういった**「調査が難しいような捉えどころのない数量について論理的に推定し、おおよその数字を概算すること」**を**「フェルミ推定」**といいます。戦略コンサル会社の入社試験などでも、必ず出題されるものです。

「日本で1日に使用されるトイレットペーパーの量を求めよ」
「コロナ前と後の日本での割り箸の使用量は、1年あたりどれだけの差があるか求めよ」

こういったものがフェルミ推定です。

全体の数量を構成する要素を分解し、その構成要素ごとにわかっている内容を整理し、論理的に推論を立てて積み上げていくという方法

第4章 — ビジネスモデルを構築する

125

で答えを導きます。

「新規事業開発」における「市場規模」についても、「フェルミ推定」を使って、ざっくりした予想値を出していきましょう。

数字そのものよりも、「どういう考え方」で、「どんな論理構成」で考えたのかという部分が問われます。

さて、「市場規模」は大きくは3つに分類できる、と一般的にはいわれているので学んでいきましょう。

3つの「市場規模」とは、「TAM」「SAM」「SOM」のことです。

それぞれ見ていきましょう。

① TAM（TOTAL ADDRESSABLE MARKET）

ある市場の中でターゲットとする可能性のある最大の市場規模、総需要のこと。直接競合だけでなく、代替品も含めて考える。

② SAM（SERVICEABLE AVAILABLE MARKET）

実際にアプローチできる市場規模のこと。

③ SOM（SERVICEABLE OBTAINABLE MARKET）

実際に自社が獲得できるであろう現実的な市場規模のこと。

「TAM」「SAM」「SOM」の違いが見えてきましたか？

では、実際にどうやって、「TAM」「SAM」「SOM」を算出していくのでしょうか。

「TAM」「SAM」「SOM」の算出方法は、主に2つあります。

❶ トップダウンアプローチ

マクロ的な視点で、市場データの数値を基に、含まれないものをどんどん除いていくアプローチです。

❷ ボトムアップアプローチ

　ミクロ的な視点で、顧客一人ひとりのデータから推定していくアプローチです。

　「市場規模」の算出には「トップダウンアプローチ」「ボトムアップアプローチ」のいずれも使えますし、両方使ってみてズレがないことを確認することもできます。

　また、「市場規模」の算出は、自社が考案した「新規事業」がどれだけ成功の可能性があるかを示すいい材料になります。

　この、「TAM」「SAM」「SOM」が3年前、5年前に比べてどれだけ伸びているのか、今後どれだけ伸びそうなのかも合わせて示すことができれば、投資家から見ても非常に納得感がある強いサポート材料になります。

〈TAM SAM SOM とは〉

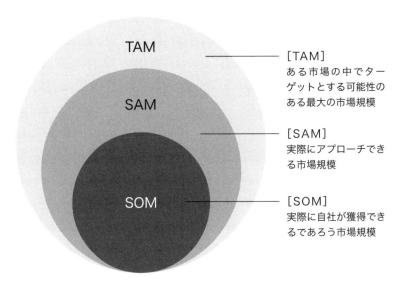

[TAM] ある市場の中でターゲットとする可能性のある最大の市場規模

[SAM] 実際にアプローチできる市場規模

[SOM] 実際に自社が獲得できるであろう市場規模

New Business Development

第 **5** 章

ビジネスモデルを検証する

しっかりチェックして
最高のビジネスモデルを創ろう！

- -

「新規事業開発」の失敗の大きな原因は顧客を無視した経営者及び
経営チームの独りよがりな盛り上がりです。ビジネスモデルを構
築したからといって、自分たちのビジネスモデルに酔ってはいけ
ません。ビジネスモデルは必ず寝かせてその上で、厳しい目で再
度検証していくことが必要です。どんな検証が必要なのか具体的
に示しています。順番に検証を進めていき、本当に勝てる安定感
とドキドキのあるビジネスモデルにするコツを学びましょう。

「ビジネスモデル」は1週間寝かせる

「ビジネスモデル」ができたら、必ず少し時間を置いてから検証をしましょう。

「ビジネスモデル」を完成させた瞬間は、もうこれしかないと熱くなっていて、最高の「ビジネスモデル」に間違いないと経営チームは自画自賛状態になってしまいます。

この状態で検証しても、必ず重要なポイントを見逃してしまいます。**落とし穴に落ちないように、必ず1週間寝かせてみてください。**

その間は、自社の「ビジネステーマ」に関する記事を読んだり、それらの施設や商品を味わってみたり、ターゲット顧客の話を聞いたり、フィールドワークで自分たちの「ビジネスモデル」を全身で体感するようにしてください。
　机上での議論を超えた発見やインサイトが生まれるのは間違いありません。

さて、1週間の熟成期間を経たら少し落ち着きますので、次にやることは「ビジネスモデル」の検証です。
　熱を覚ました状態で、ゆっくりとしっかりと検証していきましょう。

検証の方法を7つにまとめましたので、順に学んでいきましょう。

5-2

ビジネスモデルの検証（1）
「購入意欲」の検証

　事業で1番大事なことは何だと思いますか？　答えはシンプルです。
消費者はその商品・サービスを買うのか否かです。
　色々議論を積み重ねてきても、顧客が買わない商品・サービスはそもそも事業として成り立ちません。
　もう一度「ビジネスモデル」を見ながら、自分に質問してください。

"あなたなら買いますか？"
"ターゲット顧客は買いますか？"

　これに対して即答で、"はい、間違いなく買います"といえない場合、何かが足りていないのです。今の「ビジネスモデル」で顧客の購入意欲は喚起されるのか、まず検証してください。

〈顧客は買うのか？〉

5-3

ビジネスモデルの検証(2)
「優良顧客」の検証

　顧客をしっかりと把握し、分解できているか、検証してみましょう。

「1：5の法則」はご存知でしょうか？
　新規顧客の獲得は既存顧客の5倍のコストがかかるという法則です。新規顧客を獲得するより、既存顧客を維持し守るほうが効率がいいということです。

　既存顧客の維持のために必要なことは何か理解していますか？
　既存顧客の囲い込み、アップセル・クロスセルのプランはありますか？

　しっかりと考えていきましょう。

「パレートの法則」はご存知でしょうか？
　顧客全体の2割の優良顧客が売上の8割を占めている法則のことです。「2：8の法則」、「80：20の法則」ともいわれています。

　これは、「**優良顧客**」を見つけ出し、しっかりと「**差別化**」「**選択と集中**」をしていくという意味で捉えると良いでしょう。

　優良顧客は誰か見えていますか？
　優良顧客に対しての特別なプログラムはありますか？
　どのように選択と集中をしていくか意思統一できていますか？

　顧客をしっかりと見据えて、検証をしていきましょう。

5-4

ビジネスモデルの検証（3）
「時代性」「物語性」の検証

「ビジネスモデル」が素晴らしくても、なぜか大ヒットしなかった事業はよくあります。

　もちろんその原因は様々ですが、「時代性」を捉えきれず、事業に自社の「物語性」をうまく取り込めなかったケースが多いです。

「時代性」とは何でしょうか？
　今の時代を支配している「時代の空気感」ともいうべきものでしょうか。

　今何が起こっているのか、人々は何に関心を持ち、どんな価値観が台頭してきているのか、ということを考えてみましょう。

「物語性」とは何でしょうか？
　会社の物語、経営チームの物語、商品・サービスの物語、顧客の物語のことです。

「ストーリー」とは違って、自分たちが主体となって紡いでいく物語のことで、「ナラティブ」といいます。
　誰がどのように語るかにスポットが当たります。

　ビジネスモデルは時代性を満たしていますか？
　ビジネスモデルにナラティブな物語は存在していますか？

　検証してみてください。

ビジネスモデルの検証(4)
「独自性」の検証

「新規事業」に本気で社会性を求めるのなら、**自社のサービスよりも顧客にとって素晴らしいサービスや社会にとって良いサービスが、他社のサービスにあるのであれば、自社ではそのサービスをやるべきではありません。**

自社のサービスが、他社のサービスよりも優っている状態をつくれないならば、「新規事業開発」はあきらめたほうがいいです。

しっかりと顧客に提供するべき本当のベネフィットを見出し、顧客のために最高の価値を提供できるように、ビジネスモデルを磨き続けなければならないのです。

自社にしかできない、自社ならではの商品・サービスを創り上げること、果たしてそれができているでしょうか。
判別できないような、小さな差異では意味がありません。
圧倒的な差をつけることができているでしょうか。

**本当にあなたの会社にしかできないものですか？
あなたの会社のサービスが顧客にとって1番だといえますか？**

しっかりと検証しましょう。

5-6

ビジネスモデルの検証（5）
「面白さ」の検証

　私は、新規事業を評価する時に大切にしているチェックポイントが2つあります。

　1つ目は、「**新規顧客を獲得する時**」に大切なものです。

　それは、「**その事業は本当に面白いのか？**」という**視点**です。

　「面白い」という非常に感覚的な表現で申し訳ないのですが、まさに文字通り、「面白い」か否かなのです。

　新規顧客の獲得においては、「面白さ」、ドキドキワクワクする感じは極めて重要です。
　面白くない商品・サービスは話題にもなりませんし、購買意欲が湧くことはありません。

　ヒットする商品・サービス、支持される商品・サービスには必ず、この「面白さ」があります。

　新たな商品・サービスは、あなたが面白いと思えるものですか？
　顧客が面白いと感じ、ワクワクしてくれますか？

　これらについて検証してみましょう。

ビジネスモデルの検証(6)
「色っぽさ」の検証

　私が、新規事業を評価する時に大切にしている2つ目の視点は、「**既存顧客がリピートする時**」に大切なものです。
　それは、「**その事業には色っぽさがあるか**」という視点です。
「色っぽい」という、こちらもまた非常に感覚的な表現で申し訳ないのですが、まさに文字通り、「色っぽさがある」か否かなのです。
　既存顧客がリピートするか否かは、この「色っぽさ」が重要で、理由はうまく説明できないけれど、なぜかまたリピートしたくなってしまう、という魔力のような感じです。

　世の中には「黄金比」と呼ばれるものがあり、人間の感覚にとって最も美しいと感じる比率が存在しています。
　また「1/f（エフぶんのいち）のゆらぎ」と呼ばれる、人が心地良いと感じる規則性と不規則性がバランス良く調和されている状態というものが存在しています。音や音楽などに対してよく使われる言葉です。

　こういったものが、事業、ビジネスモデル、商品・サービスにもあるように感じます。私はそれを、「色っぽさ」と呼んでいます。

　明確に説明はできないけれど、ついついリピートしてしまう商品・サービスには、ある種の「色気」が漂っているように感じています。

　あなたの商品・サービスは色っぽいですか？
　ぜひ検証してみましょう。

5-8

ビジネスモデルの検証（7）
「投資家目線」の検証

「ビジネスモデル」の検証の最後に、「投資家目線」の検証をしましょう。新規事業の成功のためには、投資家からの支援、協力は不可欠です。

投資家が事業をどう見ているか、わかりやすく分解しましょう。

投資家が「ビジネスモデル」を見る時に、最も重要視していることは、「実現性・勝利性・拡張性」です。

では、「実現性・勝利性・拡張性」とは何でしょうか。

「実現性」とは、本当にその事業が実現できるのか？ ということです。

理論上は成り立つけれど、実現することができない事業というものは存在します。

私はこれまで、つくることさえできたなら、モノになったかも知れないのにという「ビジネスモデルの事例」をたくさん見てきました。

しっかりと事業を実現させることができるのかどうか、「実現性」は大切です。

「勝利性」とは、本当にその事業で勝てるのか？ ということです。

事業を立ち上げることができ、商品・サービスはできたが、果たしてその商品・サービスは競合にも打ち勝ち、顧客に支持をされるのか？ 勝者として事業を継続していけるのかという視点です。

競合に勝てるか否か、「勝利性」は大切です。

「拡張性」とは、本当にその事業は成長して化けるのか？ ということです。

スタートアップ企業への投資成功の確率は「千三つ」といわれ、うまくイグジットできる確率は非常に低いものです。

ですから、「投資家目線」では、投資した全ての会社が成功することは稀であることから、成功する会社には投資金額の何十倍、何百倍

のリターンを出してもらいたいと考えるものなのです。
「化ける会社」でないとスタートアップ企業は魅力がないのです。
　化けるか否か、「拡張性」は大切です。
「新規事業開発」も同じです。
　過去の大企業の新規事業の成功確率を見ると、本当に死屍累々です。
　このように、「化ける」要素を持っているか否かは非常に大事な判断基準となるのです。

　　その事業は本当に実現できますか？
　　その事業で勝てますか？
　　その事業は化けますか？

　しっかり検証しましょう。

〈実現性・勝利性・拡張性〉

5-9

ビジネスモデルの検証（まとめ）
「最終チェックリスト」

1. 事業で「しないこと」を明確に決めていますか？

「しないこと」を決めておくと経営判断のスピードが上がります。
　また、全てを完璧にするのではなく、「クイック＆ダーティー」で、不完全でもスピード感を持ってやりながら進んでいきましょう。

「しないこと」を経営チーム全員が明確にいえるようにしましょう。

2. 会社名、サービス名は覚えやすいものですか？

　ネーミングは極めて重要です。
　できれば会社名と商品・サービス名も同じ名前で統一できたら、マーケティングコストが圧倒的に安くなるので有利です。

　名前を見てサービス内容がわかること、わかりやすく覚えやすいシンプルな名前であることを意識してみてください。

3. ビジネスモデルは全て言語化できていますか？

　しっかりと考えられていると、事業のあらゆることは言語化できます。もし言語化ができていない部分があるとすれば、それは準備不足、検討不足です。

　全てを言語化することで、経営チーム、社員、関係先や取引先、顧客全てのステークホルダーに共通したメッセージを出すことができます。言語化することに、こだわってみてください。

New Business Development

第 6 章

事業計画書を作成する

成功するための事業計画は
シンプルだ！

- -

ビジネスプランコンテストやピッチ大会、投資依頼などで毎月20
社以上の「事業計画書」を見ていますが、思わず投資したくなる
魅力的な「事業計画書」はほとんどありません。既存のフォーマッ
トを利用した、無機質で冗長で、無感動なものばかり。「事業計画
書」は投資家へのラブレターです。投資家の心を動かす「事業計
画書」をいかにつくるべきか、必要項目ごとに具体的に示してい
ます。魅力的な「事業計画書」づくりのコツを身に付けましょう。

6-1

投資家から見た「理想的な事業計画書」とは

「事業計画書」とは、会社の事業内容や戦略、収支予想などを説明する文書のことで、資金調達時の投資家向けのプレゼンテーションなどで活用します。

「事業計画書」は、自社の事業を客観的に分析し、今後の改善策を考える上でも非常に有効です。

銀行向けの説明や取引先向けの説明で使える要素も多いので、必ずしっかりとまとめるようにしましょう。

多くのスタートアップ企業の皆さんの「事業計画書」を見てきましたが、総じて長すぎるものが多いです。

また、色々詰め込みすぎてポイントが散漫になっている印象です。**「事業計画書」は、必要な要素を絞り込み、ポイントを意識して、それぞれの項目の意味を考えながらまとめていく必要があります。**

それでは、具体的にどう「事業計画書」をつくっていけばいいのか、順を追って学んでいきましょう。

「事業計画書」の書き方には、様々な流儀や流派があります。

その中でも、私が色々と見てきて1番わかりやすいと感じている書き方は「ワンスライド・ワンメッセージ」方式です。

名ページごとに、上部にタイトルと「キーメッセージ」を入れるというスタイル。そして、キーメッセージだけを紙芝居のように、全ページ読むだけで、投資家が投資したいと思えるような物語を紡ぐこ

とが重要なポイントとなります。

　キーメッセージに続く文章は、そのキーメッセージがさらに効果的に伝わるための補強材料となる内容であること。文字や図やグラフなど、わかりやすければ何でも大丈夫です。

　では、「事業計画書」に必要な項目や理想的な分量を見ていきましょう。

　必要な項目は、下記の表の**11項目、そして分量はそれぞれの項目ごとに1ページ程度、表紙を入れて合計12ページから15ページ程度が理想**です。

　それ以上のページ数になってしまうと、投資家は読みたくなくなってしまいます。
　しっかりとポイントを絞り込んで、端的に伝える術を身に付けましょう。

〈「事業計画書」に必要な項目〉

1	エグゼクティブサマリー	7	市場規模
2	会社の理念、目的、背景	8	経営チーム
3	事業内容	9	リスクファクターと対処法
4	独自性	10	収益計画書（5年分）
5	顧客の声	11	資本政策（5年分）
6	競合分析		

6-2

「事業計画書」で気をつける5つのポイント

「事業計画書」のフォーマットは、ネット上にもたくさんありますので、利用してみるのは問題ないのですが、投資家の立場から見ると独創性がなくてあまり面白くない印象です。

投資家は様々な「事業計画書」を見ています。

理解し判断するためのポイントは決まっているので、必要な項目自体は独創性がなくてもいいのですが、メインとなる内容はやはり違いを見せて欲しいと思っています。

投資家がいいと感じる「事業計画書」のポイントは次の5つです。

1. 自分の言葉でわかりやすく書いていること
2. 長々と説明するのではなく、端的にシンプルにまとまっていること
3. 事業の理念、目的、背景から事業内容、経営チームまで一貫した物語があること
4. 抽象的ではなく、具体性が溢れていること
5. 嘘がない等身大の計画でありながら夢があること

うまく書こう、少しでも良く見せようと考えるのではなく、しっかりと事業立ち上げに至った時の思いに立ち返り、忠実に、具体的に、わかりやすく、情熱を持って冷静にまとめていけばいいのです。

「事業計画書」は投資家へのラブレターです。

どうやったら振り向いてもらえるのか、情熱を持って準備しましょう。

6-3

「エグゼクティブサマリー」の ポイント

「エグゼクティブサマリー」とは、「事業計画書」の1番最初のペー ジに、「事業計画書」の概要や重要な論点を整理し、まとめたもので す。

このページだけでもある程度「事業計画書」のポイントがわかるよ うになっていないといけません。

「エグゼクティブサマリー」は、簡単にわかりやすく端的に書く必要 があります。

内容としては、次の4つについて書くことが必要です。

1. 事業内容（4W2H）
2. 独自性
3. 必要な投資金額と資金使途
4. 投資に対するリターン

ポイントを押さえて、この4つを1ページで端的に説明できるよう にしてください。

説明は削ぎ落としつつも、投資家の興味を惹く、わかりやすい「エ グゼクティブサマリー」にしましょう。

第6章 事業計画書を作成する

「会社の理念、目的、背景」の
ポイント

　経営とは思いもよらないことが起こりますし、裏切りにあったり、誹謗中傷されたり、なかなか大変なものです。
　経営者は、かなり強いメンタルが求められます。

　果たして、この会社の経営者、そして経営チームは、逆境に立ってもあきらめずに耐え忍びながら工夫して事業継続をしていく力があるか、投資家からはそこが強く求められます。

　想いに一貫性があり、やろうとしていることが経営チームにとって「人生の目的」「一生大切にしたいもの」と合致しているならば、決して事業をあきらめることはないでしょう。

　そういった経営者、経営チームの事業継続力を見るために、「会社の理念、目的、背景」が重要な情報となるのです。

　この会社は何をやりたいために創ったのだろうか？
　何のきっかけで、どんなバックグラウンドからそう考えたのか？
　その想いは本物か？
　なるほど、そういう理由があるから強い事業意欲が湧くのか！

　こんなことを考えながら、投資家は見ているのです。

　投資家に納得感のある形で、「会社の理念、目的、背景」を説明できるようにしましょう。

6-5 「事業内容」のポイント

　長ったらしい説明をするよりも、シンプルに4W2Hを明確にしましょう。**なぜ（WHY）、誰に（WHO）、何を（WHAT）、いつ（WHEN）、いくらで（HOW MUCH）、どうやって（HOW）をわかりやすく記述すること**、それが全てです。自社とその関係者、顧客の間での、「お金の流れ」「情報の流れ」「商品・サービスの流れ」をわかりやすく示したビジネスモデルの図を入れておくと見やすいかも知れません。

「エレベーターピッチ」という言葉を聞いたことがありますか？

　エレベーターが1階まで降りる間の短い時間でプレゼンテーションをするという意味で、大体15秒から30秒での説明が求められます。

　ぜひ、「エレベーターピッチ」で事業内容を説明する訓練をしてください。1番わかりやすく相手に伝わるのは、どのように説明した時でしょうか。それこそが、「事業内容」のベストな説明方法です。

〈エレベーターピッチ〉

「独自性」のポイント

「新規事業開発」で1番こだわらないといけないのが、独自性です。
これまでに販売されている商品・サービスと何が違うのか、どんなベネフィットを顧客にもたらすのか、それは競合商品・サービスと比べてどんな発見と優位性があるのか？

「新規事業開発」は、「普通」ではダメなんです。
消費者には購買習慣や利用習慣があるので、「普通」だとこれまで慣れ親しんできた商品・サービスを選び、使ってしまいます。
これまでと違う何か、他にはない驚きと感動を与えるような、そんな商品・サービスにしましょう。

また、「独自性」は一時だけのものではいけません。
もし、あなたの会社が極めて独自性の高い、素晴らしい商品・サービスを生み出し、大ヒットしたとしましょう。
競合（相手）はどうするでしょうか？
間違いなくあなたの会社の商品・サービスを徹底研究し、マネできるところはマネて、より強力な商品・サービスをぶつけてくるでしょう。同じようなスペックで、より安い商品・サービスを開発し、「コスト競争」を挑んでくるかも知れません。
私が競合会社の経営参謀であれば、間違いなく徹底した対策であなたの会社の商品・サービスを無力化する戦略をとるでしょう。

競合がどんなにマネしてきてもずっと勝ち続けることができる、「独自性」の高い「アイディア」を「仕組み」にまで昇華していく必要があるのです。「アイディア」だけで満足していてはいけません。

6-7

「顧客の声」のポイント

　投資家は常に「顧客がどう評価するのか」を考えています。
「事業計画書」でいくら自社の商品・サービスが素晴らしいかを語ったとしても、しょせん自分たちだけの考えでしかありません。
　そこで、必ず「事業計画書」には、「顧客の声」を入れてください。

　顧客が自社の商品・サービスのどこを評価して選んでいるのか、それは圧倒的なものなのか？
　実際にどれだけの数のどんな顧客が商品・サービスを使っていて、どんな評価をしているのか？

　顧客のリアルな数字、リアルな評価、リアルなコメントこそが、投資家が知りたいものです。

　もちろん、まだ世に出ていない、発売前の商品・サービスのケースもあるでしょう。
　その時は、必ず**調査段階での顧客の声、評価、テスト販売での売れ行き、感想**などをまとめてください。

　B2BでもB2Cでも、どこのどんな顧客に、どれだけ販売するのか、顧客がその商品・サービスを買う時の**購買決定要因（Key Buying Factor）は何なのか**、を明らかにして、顧客から自社商品・サービスがどう評価されているのかが見えれば、充分な「顧客の声」になります。
「顧客の声」を有効に活用して、「事業計画書」の魅力とリアリティを増やしていきましょう。

第6章

事業計画書を作成する

149

「競合分析」のポイント

　第4章でも「競合分析」については学びましたが、ここで説明する「競合分析」において注意すべき点は2つです。

　まず、1つ目。
「競合分析」は今を捉えるだけでなく、自社にとって不利な未来を見据えて行なうということです。

- A社はこの分野には参入しない
- B社の商品にはこの機能はない
- C社はブランドイメージから、同様の商品・サービスを出さない

　今、そうだったとしても未来に渡って、そうだといい切れるでしょうか？　顧客に支持されて大成功する分野、スペック、仕組みがあるならば、競合は全力で学び、追いかけてきます。
　単なる自社の楽観的な予想で、「競合にはならない」「競合にはできない」というのは慢心そのものです。

「今はこうだ」と、まずはしっかりと分析してみてください。
　その上で、蓋然性(がいぜんせい)の高い未来予想をしましょう。
　そして最後に、**自社にとって最も不利な未来を競合が選んできた場合の対応策、勝つための工夫の仕方**をまとめてください。

　もし競合が同じ分野に参入してきたら？
　もし競合の商品・サービスが同様の機能を付加してきたら？
　もし競合がブランド方針を変更し同様の商品・サービスを発売したら？

想像の翼を広げ、抜かりのない対策をしましょう。

次に、2つ目。
「競合分析」を顧客視点で行なうということです。
多くの「事業計画書」において、「競合分析」の主語は「自社」になっています。

- 私たちから見て＿＿＿＿＿＿＿＿＿＿＿
- 自社の分析では＿＿＿＿＿＿＿＿＿＿＿

しかし、「競合」と自社の商品・サービスの評価をするのは一体誰でしょう。
そう、「顧客」なのです。
「競合分析」には、顧客目線、顧客の考え方が圧倒的に不足しています。

- 顧客から見た商品・サービスの機能の違い
- 顧客から見たブランドイメージの違い
- 顧客から見たトータルコストの違い
- 顧客から見た手に入れやすさの違い
- 顧客から見たアフターサービスの違い

切り口は色々あります。
こうして顧客目線で、「競合分析」をしていくと、自社の商品・サービスが競合に負けている部分もたくさん発見できるでしょう。
そこから目を逸らさないでください。
真正面から向き合い、何を学べばいいのか、どうやったら改善できるのか、これからやるべきことを戦略的に考えてください。

投資家は、今現在、圧倒的に競合に勝っているということだけを求めてはいません。

たとえ競合にリードされている部分があったとしても、それをどう捉えて、自社がどう対策をとり、どう勝っていくのかという、しっかりとした戦略的な方針が明確に決まっているなら、そこを評価します。

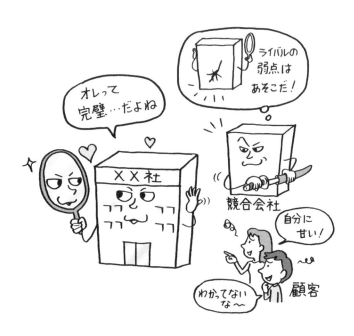

6-9

「市場規模」のポイント

「市場規模」については、第4章で詳しく解説したので、そちらを参照して頂きたいと思いますが、「TAM SAM SOM」をどう計算したのかという数字のロジックについては、何度も確認してください。

自分たちだけでは、一人よがりのロジックになっている可能性があるので、ぜひ「TAM SAM SOM」の数字のロジックについて、色々な人に様々な角度から確認してもらってください。

「事業計画書」全体から考えると、この「市場規模」についてはそれほど力点があるわけではないのですが、**ロジックに無理があったりロジックが破綻していると、投資家はどうしても気持ち悪く感じてしまい、全体の「事業計画書」の信頼感、魅力度が落ちてしまう**ケースがあるので、注意が必要です。

「市場規模」はロジックの組み方、ロジックのタイトさが全てです。

〈市場規模はロジックが重要〉

6-10

「経営チーム」のポイント

「事業計画書」における「経営チーム」のページについては、経営者があまり重要視していないケースが多く、簡単にそれぞれの役職と経歴が並べられているだけのものがほとんどです。

しかし、**「事業を成功させるために有効な、どんな能力、経験、ネットワークを経営チームは持っているのか」というポイントで投資家は見ている**ということを覚えておきましょう。

どれだけ「事業内容」が素晴らしくても、やるのは人です。

最初に決めたビジネスモデルがうまくいかなくて、事業のピボット（方向転換）をしなくてはいけなくなるケースも出てきます。

そういった時にも、**的確な状況判断をし、迅速な決断と実行力で再びチャレンジをすることができるかどうか、そういったしなやかな強さ（レジリエンス）を経営チームが持っているか**、それこそが大切なのです。

事業を成功させるために必要な要素を、経営チームが持っていること、事業がうまくいかなかった場合でも、再度やり直せるレジリエンスを経営チームが持っていること、このあたりを意識的に説明してください。私自身、上場と上場廃止を経験して、マイナスから再起したので、何らかの挫折経験や失敗経験を持っている方が「経営チーム」（メンター、アドバイザー含む）に入っていると、少し安心します。

強さだけが武器ではありません。弱さや失敗経験もある経営チームのほうが逆境に強いといえます。地に足をつけて問題点としっかり向き合い、不断の努力を積み重ねていける、そんな「経営チーム」を創っていきましょう。

154

6-11

「リスクファクターと対処法」の ポイント

「事業計画書をつくる時には、自社をできるだけ大きく見せて、少し でも多くの資金調達ができるようにしなさい」

こういったアドバイスをもらったことはありませんか?

もちろん、投資家からの評価を得て多くの資金調達をすることは 「事業計画書」をつくる大きな目的ですから、そのアドバイスは一部 正しい面もあります。しかし投資家から多くの資金調達を達成するた めのポイントは、決して「自社を大きく見せる」ことではありません。

多くの会社、経営者と接してきて様々な「事業計画書」を見ている 投資家は、「大きく見せよう」としている部分については、すぐに気 づきますし、その部分を割り引いて評価します。

また、「大きく見せよう」という部分が強すぎる会社や経営者、経 営チームに対しては信頼感、安心感を抱かないですし、「一緒に夢を 追いかけたい」という共感も生まれません。

「強い部分も弱い部分もあるが、必ず改善し戦っていくと信頼ができ る、一緒に夢を見たいと思わせてくれる経営チームだ」

そう思ってもらえることが大切です。

自社にとって、これから起こったら1番困る事象、自社にとって、 責められると1番イヤな弱点、これが「リスクファクター」です。

しっかりと自社と向き合い、見つめ直して、全て明らかにしましょ う。その上で、対処、改善するための方法、道筋、戦略をしっかりと 立てましょう。

「リスクファクター」は、「新規事業」を成功させるために、逃げて はいけない課題としっかりと向き合う「姿勢」を示すものなのです。

第6章

事業計画書を作成する

155

6-12

「収益計画書」のポイント

「収益計画書」ですが、できれば5年分用意しましょう。

　IPO（株式上場）を考えている会社であれば、最短でも4、5年かかるので、その過程を数字で明確に示すことが重要です。

「収益計画書」で書くべきことは、「売上の分解」「コストの分解」「利益の推移」なのですが、数字そのものが重要なのではなく、なぜそうなるのかという数字の根拠、ロジックのほうに意味があります。

　まずは売上の分解です。

- 広告による売上
- 購入による売上
- 利用料課金による売上

　など売上の性質によって分解する方法もあります。

- 美容関連部門による売上
- 医療関連部門による売上
- 人材紹介部門による売上

　など売上が発生する部門によって分解する方法もあります。

　この売上を、また「単価」×「個数」×「頻度」に分解します。

- 今年、来年、再来年と「単価」はどう変化していくのか
- 今年、来年、再来年と「個数」はどう変化していくのか
- 今年、来年、再来年と「頻度」はどう変化していくのか

これについて、どういうロジックで、どういう計算式で考えたのか
を、わかりやすく明示する必要があります。

　次にコストの分解です。
　自社のコストを分解すると、**コストは「固定費」と「変動費」に必
ず分かれます。**

「固定費」とは、売上に関係なく、常に一定の期間で発生する費用の
ことです。人件費、家賃、光熱費、設備の減価償却などがこれにあた
ります。

「変動費」とは、売上や生産量、販売数に比例して増減する費用のこ
とです。原材料費、仕入れ原価、販売手数料、外注費用、支払い送料
運賃、などがこれにあたります。

　さて、コストについても分解していきましょう。
　コストを、「単価」×「個数」×「頻度」に分解します。

- 今年、来年、再来年と「単価」はどう変化していくのか
- 今年、来年、再来年と「個数」はどう変化していくのか
- 今年、来年、再来年と「頻度」はどう変化していくのか

　これについて、どういうロジックで、どういう計算式で考えたのか
を、わかりやすく明示する必要があります。

「新規事業」においては、売上が本当はどれだけになるのかが不透明
ですから、できる限り**コストの「固定費」を抑えて「変動費」にして
いく工夫が必要**です。

　シェアオフィスなどを活用して、オフィス家賃や光熱費をできる限
り抑え、社員数を急に増やすことなく、できるだけアウトソーサー(外

第6章　事業計画書を作成する

157

部委託）を活用していきましょう。

　また、経営者にとって、組織人事は常に悩みのタネです。
　経営者のマインドシェアを、「組織人事」に必要以上に削（そ）がなくてもいいように、「新規事業」がある程度軌道に乗ってくるまでは、できる限り正社員を増やすことなく、固定費削減を意識してやっていきましょう。

　投資家から見ると、固定費に対しての意識が薄い経営者、経営チームにはあまり信頼感を持つことができません。

「細かいことは気にしないで稼げばいいではないか」という考え方も、「新規事業」の本当の難しさ、怖さを理解していない意見に過ぎません。

　本当に成功する経営者、経営チームはことのほかコストには敏感で、慎重に対応される方が多いと感じています。

　収益計画の全体の数字を見てください。

　遅くとも事業開始から3年で利益を上げられていますか？
　4年目、5年目でジャンプアップできる事業ですか？
　投資家にしっかりとした「リターン」が返せる収益計画ですか？

　このあたりを意識しながら、「収益計画書」をつくっていきましょう。**投資家は、「数字そのもの」よりも、「経営者及び経営チームがどれだけ構造的にロジカルに事業を分解し数字を把握しているのか」**を見ています。

6-13

「資本政策」のポイント

「資本政策」とは、事業計画を達成するための資金調達計画、株主構成計画のことを指します。

こちらも「収益計画書」と同じく5年分、つくりましょう。

いつ、誰から、株価はいくらで、何株分の資金調達をしますか？
その時の会社の時価総額はいくらですか？
経営者や経営チームの持ち株比率や関係者、社員へのストックオプションや社員持株会などはどうしますか？

色々、専門的なことを考えなければなりません。
知らないと経営者や経営チームが、損してしまうこともたくさんあります。
私も、上場前にもっと色々教えてもらっていたら、どれだけ良かっただろうかと後悔したこともたくさんあります。
「資本政策」は、経営者及び経営チームにとって極めて重要です。

そこで「資本政策」においてとても重要で、経営者及び経営チームが早い時期に理解しておいたほうがいいと思うポイントを、2つに絞って順に説明したいと思います。

1つ目は、「**時価総額（企業価値）という考え方**」についてです。
2つ目は、「**外部資本を入れる意味**」についてです。

順に学んでいきましょう。

1.「時価総額（企業価値）という考え方」

まず1つ目の「時価総額（企業価値）という考え方」ですが、そもそも「時価総額」とは何でしょうか。

「時価総額」とは、会社の1株あたりの株価に発行済み株式総数をかけたもので、企業価値や規模を評価する指標のことです。

「時価総額」が大きいということは、業績だけでなく将来の成長に対する期待も大きいということを意味しています。

世界の上場企業の「時価総額」の合計は2024年6月末現在、約118兆ドルです。
また、世界で「時価総額」が3兆ドルに到達したことがあるのは、AppleとMicrosoftの2社だけです。

日本の「時価総額」トップ5は、2024年9月時点ではトヨタ自動車、三菱UFJフィナンシャル・グループ、日立製作所、キーエンス、ソニーグループとなっていて、トヨタ自動車だけが60兆円の「時価総額」に達したことがあります。

スタートアップ企業でも資金調達の際には、「時価総額」をいくらと考えるのかということが重要なテーマになります。

では、「時価総額」とはどうやって類推、計算するのでしょうか。
色々な手法があるので、順に学んでいきましょう。

（1）インカムアプローチ

　インカムアプローチとは、企業の将来的な収益価値を基準とする時価総額の計算方法です。

　インカムアプローチは、将来性などを計算に含めることができるので、まだあまり実績を出せていないスタートアップ企業などにとっては有効な手法です。

　ただ、なかなか客観性に乏しい面があるため、他の計算方法（コストアプローチやマーケットアプローチ）と組み合わせて、蓋然性の高い時価総額を計算しないといけません。

　業種や地域に関係なく比較が可能だったり、市場変動の影響を大きく受けないこともインカムアプローチのメリットといえます。

　インカムアプローチの代表的な評価方法として、DCF（ディスカウントキャッシュフロー）法を見ていきましょう。

　「DCF法」とは、将来的な収益価値を現在価値に換算することで、企業価値を算出する評価方法です。

　企業が事業活動で得た収益のうち、自由に使える現金の額（フリーキャッシュフロー）の将来予測価値を、現在価値に割り引くための掛け目（割引率）を掛けて、計算します。

　割引率は上場企業の場合は、平均的には6％程度ですが、4％から7％程度に設定されることが多いです。

　スタートアップ企業の場合は、50％以上の割引率で計算されたりします。成長予測値が高い傾向にあるため、フリーキャッシュフローがどんどん増えていくと考えられるからです。

　このDCF法も大枠の意味合いだけ理解しておけば、計算フォーマットは簡単にネット上からもダウンロードできるので、それほど難しく考えなくても大丈夫です。

第6章
事業計画書を作成する

161

（2）コストアプローチ

　コストアプローチとは、企業の純資産価値を基準とする時価総額の計算方法です。

　コストアプローチは、客観性に優れていて簡単に算出できる反面、将来性や収益性などの要素が含まれていないため、まだ何も実績がなく、これから大きく成長していくスタートアップ企業などには不向きといえるでしょう。

　コストアプローチの代表的な評価方法として、「簿価純資産法」を見ていきましょう。

「簿価純資産法」とは、企業の帳簿上の資産合計から負債合計を引くことで企業価値を算出する評価方法です。

　非常に簡便な計算方法ですが、帳簿上の資産や負債の価格と時価に<ruby>乖<rt>かい</rt>離<rt>り</rt></ruby>がある可能性があるというデメリットがあります。

　そのデメリットを解消するための「時価純資産法」という評価方法もあります。

　「時価純資産法」は、時価換算して企業価値を算出する評価方法ですが、未上場企業の場合は、時価の客観性の問題があり、「簿価純資産法」のほうが帳簿上の数字を基に企業価値を算出するので、客観性は高いといえます。

　メリットデメリットを理解した上で、評価方法を考える必要があります。

（3）マーケットアプローチ

　マーケットアプローチとは、類似企業の株式市場やM&A市場での取引価額を基準とする計算方法です。

　同業態や同業種の企業がIPO（新規株式公開）や株式譲渡した時の時価総額や、シリーズAやシリーズBといった資金調達フェーズでの似たようなビジネスモデルのスタートアップ企業の時価総額などが基準とされます。

　客観性があるというメリットはあるのですが、株式市場やスタートアップ市場の動向に左右されること、比較できる企業がない場合の評価が困難である点がデメリットといえます。

　マーケットアプローチの代表的な評価方法として、「類似会社比較（マルチプル）法」を見ていきましょう。

　「類似会社比較（マルチプル）法」とは、類似企業の時価総額を「税引き後純利益」などで割り「評価倍率」を算出し、自社の「税引き後純利益」などを掛けることで企業価値を算出する評価方法です。

　このように、「時価総額」の算出方法には色々なやり方があります。

　しかし、**新規事業やスタートアップ企業の場合は、「DCF法」と「類似会社比較法」の2つでそれぞれ「時価総額」を計算しながら、蓋然性の高い「時価総額」を探していくしかありません。**

　これまでの実績が少ないため、将来生み出す価値をどう捉えるかは大きく見方が分かれてしまう可能性があるからです。

　説明だけ読んでいてもピンとこないので、まずは自分たちでやってみましょう。

（4）「時価総額」の重要性

　スタートアップ企業や新規事業の経営者、経営チームは、「時価総額」という考え方にあまり馴染みがないため、ついつい売上、あるいは利益追求にのみ視線がいきがちです。

　もちろん、足元の売上、利益を増大させる戦略を考えることは極めて重要なのですが、「新規事業」やスタートアップ企業の場合、同時に自社の「将来への期待値（PER）」を上げていくことが大事です。
　時価総額＝当期純利益×将来への期待値（PER）ですから、「将来への期待値（PER）」が上がることで、「時価総額」も上がることになるのです。

　私が「経営参謀」や「投資家」としてサポートした「新規事業」やスタートアップ企業は、総じてこの「将来への期待値（PER）」が高くなっていきます。「将来への期待値」を上げるにはいくつかのコツがあり、私が自分のノウハウとネットワークを駆使して、戦略的にその部分を強化していくからです。
　しかし、「将来への期待値（PER）」をいかに上げるかについて、日本ではまだノウハウを持っている人が少ないです。
　皆さんもぜひ、次の5点について意識してください。

①「将来への期待値（PER）」を上げることができるメンバーを経営チームや顧問に加えること
②時代感を捉えた「成長マーケット」で事業を組み立てること
③バリエーション（企業価値評価）が高い業界、業種と同じような「事業収益構造」を創り出すこと
④売上にキャップ（上限）がかからないような、アップサイドポテンシャル（無限の成長性）を秘めた「ビジネスモデル」にすること
⑤事業を急成長させる「圧倒的な独自性」を磨くこと

2. 「外部資本を入れる意味」

次に、資本政策を考えるのに重要なもう一つの要素、「外部資本を入れる意味」について考えていきましょう。

まず、そもそも外部資本を入れる目的は何でしょうか。

外部資本が入ると経営者、経営チームの持つ株式割合が減ります。
ですから、**外部資本を入れることで、株式割合が減った割合以上に会社の「時価総額」を上げないと意味がありません。**

もし、経営者や経営チームの持ち株比率を10%減らして、10%の株式を外部投資家に渡した場合でも、その外部株主が入ることで事業が加速し、時価総額が50%上がったとしたら、経営者や経営チームにとっては得することになり、意味があるわけです。

時価総額×株式比率が自分たちの持つ株式の価値

だからです。
非常にシンプルです。

その外部株主に株式を保有してもらうことで、その株式保有割合以上に「時価総額」が上がると確信できる相手であれば、株式を持ってもらいましょう。

そう確信できないのであれば、株式を譲らないで資金調達をする別の方法を考えましょう、ということです。

なお、資金調達の詳しい方法については、第10章で学んでいきます。

165

New Business Development

第 **7** 章

経営者マインドを整える

経営者の考え方で
新規事業の成功確率は大きく変わる！

「新規事業開発」の成功のカギの８割は経営者が握っています。た
とえできたばかりの新規事業の一人社長でも大企業の社長と同じ
ように、考えないといけないこと、やらないといけないことがあ
ります。しかしこれまで習ったことはないと思いませんか？ 経営
者の在り方、経営者マインドについて誰も教えてくれなかったの
です。どうすれば勝てる経営者になれるのか、わかりやすく７つ
にまとめました。この７つを意識して、徹底すれば新規事業の成
功確率は格段に上がります。さあ、そのままマネしてください。

7-1
「経営者」がやるべき7つの仕事

「新規事業」の成功において、1番重要なことは何でしょうか。
それは、経営者マインドです。
経営者がどう考え、どう行動するかが、成功の確率を大きく左右します。

経営者の仕事は、決して派手な華々しいものではありません。
24時間365日、常に経営のことを考えることになりますが、そのほとんどは地道な準備になります。

初めて経営者になる人からすると、そもそも経営者がやるべき仕事は何なのか、よくわからないと思います。
すでに経営者になっている人も、本来やるべき仕事を全うできていない人も多いかと思います。

そこで、「**経営者がやるべき7つの仕事**」について、成功されているたくさんの経営者を見てきた結果をまとめてみました。

もちろん成功されている経営者の方々は、そもそもその能力は圧倒的にすごいのですが、それだけではないのです。
「考え方」「マインドセット」がしっかりとしていて、それを愚直に繰り返されているのです。

経営者としての成功を目指すなら、そういった成功している経営者をまずはマネてみることです。余計な仕事に時間をとられず、本来経営者がやるべき仕事に集中していきましょう。

1. 夢を語る

経営者の1番の仕事は、「夢を語る」ことです。

経営チームも社員も、経営者の語る「夢の力」によって突き動かされるのです。

もちろん、**投資家も銀行も、関係先も、取引先も、顧客も、経営者と同じ夢を描きたい**のです。

不器用でもいい、能弁でなくてもいいのです。
しっかりと言語化しましょう。

あなたは世の中をどのように変えていきたいですか？
人々をどのように幸せにしたいですか？
あなたの会社、事業は、何を成したいのですか？

思考は現実化しますから、夢を語ることは逆境に陥った時に、必ず会社を、社員を救う道標になります。

2. 資金調達をする

会社は、お金があれば決して潰れることはありません。
経営者は、何があっても資金調達をしなければなりません。

資金調達はCFO（最高財務責任者）の役割で自分の役割ではないし、自分は経営そのものに注力したいから…

そんな言い訳は通用しません。
投資家も、銀行も、経営者を見ています。
資金調達の責任者は常に経営者なのです。

3. ビジネスモデルを修正する

どんなに練りに練った「ビジネスモデル」であっても、やり始めてみると予想と違ったこと、思い通りにならないこと、結果が出ないことが普通に起こります。

そんな時は、迷わずに修正しましょう。
経営者が決めたことを、他のメンバーが修正するのは大変パワーがいることです。

間違いを認めて、すぐに「ビジネスモデルを修正する」ことは、経営者の大変重要な仕事です。

4. トップ営業をする

「新規事業」やスタートアップ企業では、**1番説得力のある営業マンは間違いなく経営者**です。

事業について最も時間を費やし、最も考えているからです。
その想いを、日々の努力を、精一杯伝えましょう。

「最も大事な顧客は自分が口説く」
その覚悟を経営者は持たなければいけません。

商品・サービスを売るのではなく、「**自分を売る**」。
それこそが経営者がやるべき、トップ営業です。

事業を支えてくれる可能性のある人とどんどん会い、共に時間を過ごしてください。
必ず、誰かがあなたに手を差し伸べてくれます。

5. 顧客に聞く

経営者になると、「顧客の声」が聞こえなくなってしまう方がいます。現場の最前線で顧客と接して話すことは自分の役割ではない、と考えてしまうのです。

果たして、本当にそうでしょうか？　経営者は顧客の1番近くにいないといけません。

なぜなら、**「新規事業」における正解は、経営者の考えで決まるのではなく、顧客が決める**からです。

顧客から遠ざかっていないか、自らを顧みてください。

常に顧客を意識して、顧客の反応に注意し、不満やクレームにしっかりと耳を傾けてください。

「悩んだら顧客に聞く」

この意識を徹底することで、事業は格段に良くなっていきます。

6. 決断する

経営者の毎日は「決断の連続」です。

毎日毎日、色々なレベル感の決断が繰り返されます。

あなたは自信を持って決断できていますか？

経営者が迷っていると社員は不安になります。

迷わないために、徹底的に準備をしてください。

しっかりと準備をして、迷わず「決断する」こと。

間違えたら、すぐにやり直せばいいのです。

171

7. 責任をとる

　会社で起こったこと、事業の過程で起こったことの責任は、全て経営者にあります。担当者のせいにして、担当者を叱って終わりでは経営者は務まりません。

「逃げるな、言い訳するな」

　これは、私が上場廃止を経験した時に、先輩の上場経営者から頂いたメッセージです。
「色々事情はあっただろう。しかし経営者たるもの、全ては自分のせいでしかないと覚悟できなくてどうする」との叱咤激励の言葉でした。

　全てを失い大きな借金を背負った私に、この言葉と共に大きな仕事をくださったことは今でも忘れられません。

　全ての「責任をとる」覚悟を決めること。
　経営者の仕事はそれに尽きます。

　さて、「経営者がやるべき7つの仕事」について見てきましたが、いかがでしたか？　決して難しいものではないということは理解できたかと思います。しかし、経営者の仕事は毎日続きます。毎日変わらず、飽きることなく、同じことを繰り返していかなくてはなりません。

「凡事徹底」。当たり前に見えることを徹底的にやり抜き、他人の追随を許さないほど極めていくこと。

　経営者に1番大事な行動指針です。

172

7-2

「成功する経営者」の7つの考え方

「経営者がやるべき7つの仕事」をしっかりと理解したら、次は、「成功する経営者の7つの考え方」を学んでいきましょう。

1. 事業を成功させる強い意志を持つ

心頭滅却すれば火もまた涼し。

「新規事業」は、ピンチの連続です。

天変地異も起これば、取引先が倒産したり、社員に裏切られたり、色々なことが起こります。

どんな時でも、絶対に事業を成功させるんだという強い意志を持てるか否かが大きな差となります。

2. ブレない軸を持つ

経営者は毎日が決断の連続です。

自信を持って決断しているようでも、内心迷っていたり、決断後も後悔していたり、の繰り返しです。

どんなことが起ころうとも「譲れないこと」や、「ブレない軸」をしっかりと持っておくことは極めて重要です。

そのためには、自分の人生の目的・ゴールと、事業の目的・ゴールがしっかりと関連づけられていないといけません。

自分の人生の哲学を持つこと、それこそが「ブレない軸」を持つことにつながるのです。

第7章 ── 経営者マインドを整える

173

3. 短期的な売上を求めず本来やるべき仕事に集中

「新規事業」の立ち上げ初期は、特に売上を立てることにもがき苦しむことがあります。

そういう時、本来はとりたくない仕事でも、目の前の売上が欲しいがために受けてしまうのは経営者の性ともいえます。

しかし、歯を食いしばって耐えてください。
目の前の仕事をこなすために時間が削られ、本来やるべき仕事の準備が充分でないから、欲しい仕事がとれなくなってしまう。
必ず、そういった悪循環に陥るからです。

本来やるべき仕事と懸命に向き合い、しっかりと準備を進め、集中して獲得に邁進してください。

4. 即断即決即行動を実践する

経営はスピードが命です。止まっている暇はありません。
「即断即決即行動」
徹底していきましょう。

経営者にとっては「朝令暮改」でもまだ遅い、という感覚を持ちましょう。
「朝令朝改」でいいのです。
間違ったと思ったら迷うことなくすぐに全力で引き返しましょう。

スピードは「慣れ」です。
「即断即決即行動」を常に心がけていると、いつの間にかできるようになっているものです。自分を信じましょう。

174

5. 好奇心旺盛に楽しみながら学ぶ

　事業ごとに、経営の力点の置き方は違いますし、周りで起きる事象もタイミングも違いますから、**全ての経営は、カスタマイズしたオリジナルなもの**でなければなりません。

　しかし、経営で起きる様々な出来事は、先人の経営者たちがすでに経験してきたことが多いのもまた事実です。

　知っているのと知らないのとでは大違いです。
　経営者の学びにゴールはないのです。

　常に「一歩前へ」を意識して、学び続けなければなりません。
　「学ぶ」というと少し重い気もしますが、好奇心を持って楽しめばいいのです。

　経営でこんなことが起きるのはなぜなんだろう？
　こういう状態の時、経営者は何をすべきなのか？

　全て面白がっていきましょう。
　学ぶ相手は、メンターや顧問でも、経営者の先輩や後輩でも、学生時代の仲間でも、誰からでもいいのです。

　学ぶ方法も、直接会っても、動画やセミナーでも、本や雑誌でも、何でも大丈夫です。

　好奇心を持って楽しんでいると、自然とアンテナが立ち、必要な情報や人は集まってくるものです。

第**7**章 ── 経営者マインドを整える

175

6. 全てを全力で味わい尽くす

経営をやっていく中で、いいことが起こった時、悪いことが起こった時、それぞれどうしたらいいと思いますか？

「全てを全力で味わい尽くす」ことが大切です。

いいことを全力で味わい尽くしたら、また同じ思いがしたいと考え、また頑張れるでしょう。

悪いことを全力で味わい尽くしたら、もう二度とこんな思いはしたくないと考え、頑張れるでしょう。
どちらにしても、未来は必ず良い方向に向かうのです。

7. 寝て忘れる

経営者には毎日、イヤなことや困ったことが起こります。
思い出したくもないようなことも、度々起こります。

そんな時はどうすればいいでしょうか？
まずは受け止めて、全力で味わい尽くして、原因について考えてみてください。

自分で改善できることであれば、改善すればいいのです。

自分で改善できないことであれば、考えても意味がないので、「寝て忘れる」ことが**最善策**です。
成功する経営者は、皆、忘れっぽいものです。

7-3

「論理的経営者脳」の
7つの鍛え方

さてここまで、経営者のやるべき仕事や成功するための考え方を学んできました。次に、「論理的経営者脳」を手に入れましょう。

物事を論理的に説明する力を身に付けることで、経営チームも社員も、取引先も投資家も顧客も納得させることが容易になります。

あの経営者は頭がいいなあ。
あの会社のプレゼンはいつも論理的だ。

そう感じることはないですか?

自分には無理だ。あの経営者とは出来が違う。

そんな風に感じる必要は一切ありません。

なぜなら、**「論理的経営者脳」は鍛えていくことが可能**だからです。
もちろん、一足飛びにできるようになるものではありません。
しかし、**鍛える方法を頭に入れて、日々の脳の使い方にクセをつけていくと、いつの間にかできるようになっている**ものです。

私も、戦略コンサルティング会社、ベイン&カンパニーで徹底してロジカルシンキング（論理的思考）の訓練を受けました。

それを、日々の実戦で応用して使っていくうちに、いつの間にか「論理的経営者脳」を身に付けたように思います。

さあ、「論理的経営者脳」の7つの鍛え方を共に学んでいきましょう。

第7章 ── 経営者マインドを整える

177

1. ピラミッド構造で考える

「ピラミッド構造」とは、主張や考え方をわかりやすく、論理的に説明するためのフレームワークのことです。

　１番上に１番いいたい主張やメッセージを入れて、その下層部分でその根拠や理由を複数入れていきます。
　またその下層部分でも、同様に展開していきます。
　そうすると、まるでピラミッドのように、上から下へと広がる三角形ができます。これがピラミッド構造です。

　図式化されることで、主張や意見、問題を可視化し、論理の精度を上げることができます。

　どの階層においても、その相関性は一律です。
　上の階層から下の階層へは、「なぜ（WHY）？」という問いかけがされます。
　下の階層から上の階層へは、「だから何（SO WHAT）？」に答える形になっています。

「ピラミッド構造」は根拠を明確に論理的に整理していく手法ですから、何かを考えないといけない時に、どんどん使っていきましょう。

　論理的思考をするために「ロジックツリー」を使うこともあります。
　「ロジックツリー」とは、樹木が枝を伸ばしていくように、MECE（もれなくダブリなく）を意識しながら、あるテーマを細かく分解していく過程と結果が表示された図のことです。

　こちらも頭に入れておくといいでしょう。

〈ピラミッド構造〉

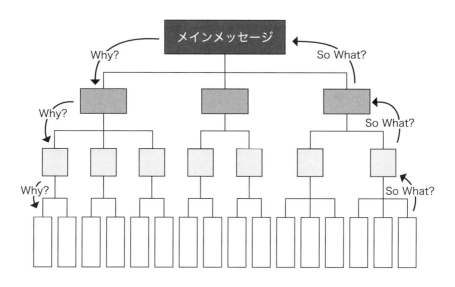

〈ロジックツリー〉

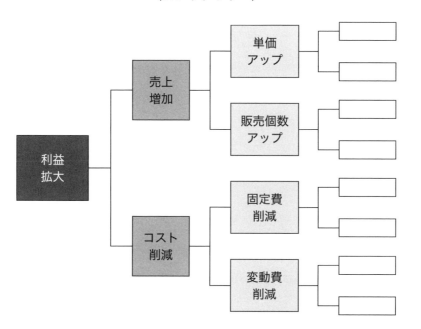

2. 大きさで考える

「大きさで考える」訓練をしましょう。

全てのことをまずは大項目、中項目、小項目に分けてみてください。

次に、そのまま大項目、中項目、小項目の順で説明してください。

この訓練を繰り返すだけで、あなたの話が人に伝わりやすくなります。

タクシーで運転手さんに行き先を伝えることをイメージしてください。

大項目；「渋谷方面」に向かってください。
中項目；「松濤の旧東急百貨店本店」を目指してください。
小項目；旧東急百貨店本店から「松濤郵便局前交差点」を超えて２つ
　　　　目の信号で止めてください。

簡単なようですが、意外に大中小を意識して順番に話すことができる人は少ないものです。

「大きさで考える」上で重要な、**「オーダー・オブ・マグニチュード（大きさの程度）」という考え方**もあります。

物事の重要度の程度をしっかりと意識して、影響の少ない細部にこだわり過ぎず、重要度の高いものに意識や資源、資金を重点的に投入していかなければいけないという考え方です。

「クリティカルマス」「ティッピングポイント」という考え方もあります。商品・サービスの普及率が一気に跳ね上がる分岐点のことで、約30％といわれています。

この「大きさ」を意識しておくことで、戦略は変わると思います。

3. 小さく分けて考える

　何かの問題解決をする時に、漠然とその方策を考えても、なかなかいいアイディアやイメージは湧いてきません。
　そういう時は、全て「小さく分けて考える」といいでしょう。

　大きな目標だと努力の方向性が見えなかったものが、要素分解し目標を「小さく分けて考える」と、より具体的になり、イメージしやすかったり、モチベーションが湧いてきたりするものです。

　例えば、事業の目標達成に必要な要素として、小さく分けて考えていくなら、時間、お金、人（人数、能力、資格、経験）、ブランド（看板）、商品、システム、運などが考えられるでしょうか。

　困ったら、「小さく分けて考える」ようにしてください。

〈小さく分けて考える〉

4. 比べて考える

「比べて考える」。つまり比較することで、単体では見えなかったものが鮮明に見えてきて、「答え」に近づくことがよくあります。

　ある会社の商品・サービスを単体で見ていたら、特徴があまりわからなかったのに、競合会社数社の商品・サービスと比較してみたら、良い点、悪い点が浮き彫りになったりします。

　しかし、**比較する時には必ず、同一条件で比較しないといけません。これを「アップルトゥアップル」といいます。**
　りんごとみかんを比べるな、必ずりんご同士で比べろという意味です。

　「アップルトゥアップル」を意識してどんどん比べて考えましょう。

〈アップルトゥアップル〉

5. 変化から考える

　物事を分析する時に、「変化」に着目すると見える世界が広がります。

- 何が変化したのか
- どれくらいの量が変化したのか
- どれくらいの割合が変化したのか
- どれくらいの早さで変化したのか
- 変化した理由は何か
- 変化したタイミングはどこか

　自社や競合の商品・サービス、世の中のトレンドや現象、顧客の意識や購買行動など、「変化から考える」ことで、現状分析、今後の見通しや改善策などがクリアに見えてきます。

　歴史を理解し、大きな流れを捉えましょう。
　転換点はどこなのか、分析しましょう。
　今後の方向性を見出しましょう。

「変化から考える」訓練は、経営者だけでやるのではなく、経営チームや社員も含めて同じ目線でやっていくとさらに効果的です。

　ぜひ、すぐにでも試してみてください。

6. 広がりから考える

何かを分析する時に、結果の「広がりから考える」ことは有効です。
データの中心をイメージする「平均値」や「中央値」、頻繁に出現するものをイメージする「最頻値」、データの散らばり度合いやバラつきをイメージする「分散」「標準偏差」などは、売上分析、顧客分析にもすぐに活用できるものです。

「広がりから考える」思考法では、特に「外れ値」に注目しましょう。
ここでいう「外れ値」とは、明らかに他と比べて結果の差が非常に大きいものとして考えておきましょう。
「結果の大きな違い」の理由が明確になっているものを「異常値」として分けて使うケースもありますが、ざっくりと同じニュアンスとして捉えておきましょう。

販売店ごとの売上の比較で、この「外れ値」が出たらどう対応しますか？ もちろん、単純な計算ミス、あるいは台風が来た、近くで大きなコンサートがあったなど、特殊ケースの場合も考えられます。
しかし、もしかしたらその店舗では、他の店舗ではやっていない非常に効果的な販促キャンペーンをやっていたかも知れません。逆に致命的な不人気販促キャンペーンをやっていたかも知れません。

つまり「外れ値」は、圧倒的な成果を出した大成功事例（Best Demonstrated Practices）の可能性がある一方、リスクコントロールが必要な大失敗事例の可能性もあるわけです。

「広がりから考える」思考法では「外れ値」を見逃さずしっかりと分析しましょう。
思わぬ「成功手法」と出会える可能性があるのです。
また、思わぬ「リスクヘッジ手法」が見つかる可能性があるのです。

7. プロセスから考える

　経営分析で必要なことは、まずは「結果」をしっかりと見ることですが、「結果」には必ず、「原因」があるのです。
「原因」をしっかりと把握しないまま、打たれた対策は、百害あって一利なしです。

「原因」から「結果」が生まれる「プロセス（過程）」をしっかりと分析しましょう。

　ターゲット顧客は、最初は必ず100%存在します。
　しかし、様々なビジネスのプロセス（過程）を経ていくうちに離反しどんどん漏れていき、そのシェア（数）は減っていきます。

　ビジネスのステップ、プロセスをしっかりと段階的に追っていき、「原因」を見つける方法を「**漏れ分析**」といいます。

- 顧客はどのプロセスで漏れたのか？
- どれだけの顧客が漏れたのか？
- 漏れた原因は何か？
- 漏れに対応する対処策は何か？

「漏れ分析」により、最適な施策を見つけましょう。

「プロセスから考える」ことで、「原因」と「結果」の因果関係から目を逸らさないクセを身に付けましょう。

第**7**章

経営者マインドを整える

185

7-4

「在り方」と「やり方」の正しいバランス

　経営者は「在り方」と「やり方」を、どうバランスをとるべきでしょうか? 皆さんはどう思いますか?

「在り方」とは、経営者が持つべき考え方の軸になるものです。
　なぜその事業をやるのか、どういうゴールを目指すのか、1番大切にするものは何か、譲れないことは何かなど、本源的な内容になります。
「やり方」とは、その時々のビジネス上のテクニックのことです。
　今何をすると効果的か、何が儲かるのかなど、即時的な内容になります。

　経営者は、しっかりとした考え方の軸、「在り方」を整えた上で、その上に今のトレンドのテクニック、「やり方」を載せていく。
　そのくらいのバランスがちょうどいいのではないかと思います。

「在り方」は、かなり普遍的なものです。
　一度しっかりとした「在り方」が整った経営者は、どんな予想外の出来事が起きてもあまり揺らぐことはありません。
　一方、「やり方」はトレンドですから、かなり短いスパンでコロコロ変わります。
「やり方」を追いかけようとすると、すぐに変わるビジネストレンドに応じて、常に対応を変えていかねばなりません。

　SNSの効果的な表示方法は、数ヶ月単位で大きく変わるものですし、営業やマーケティング、マネジメントのトレンドも半年経てば、全く違うものになっています。

まずは、しっかりと「在り方」を整えましょう。
　偉大な経営者の「在り方」はいまだに全く色褪せることはありません。

7-5

「孤独」との戦い方

　経営者にとって、自分の生み出した事業は我が子も同然。

　どれだけ心血を注いでも、自分の事業のためであれば全く疲れることはありません。

　しかし、その熱量や想いを完全に他の社員に求めることは酷です。

　どれだけ熱心で、志を同じくする社員でも、経営者と同じだけの仕事への情熱や会社への愛情を持っているはずもありません。

　また、経営者はそもそも見ている視座が高いわけですから、社員に同じレベルの視座で仕事をしろと求めるのは、もはやパワハラレベルの無謀なことといえます。

　経営者は社員から完全に理解されることはそもそもないのです。

　それを求めるだけムダですし、期待をしても裏切られるだけです。

　そう、**経営者は圧倒的に孤独**なのです。

　間違った決断をした時は、「朝令朝改」で全力で引き返すようにと学びましたが、社員からすると「うちの社長はいうことがコロコロ変わる」と一刀両断になります。

　また、多くの社員が反対したとしても、経営者は魂の決断で自らが正しいと考えるほうを選択すべきですが、そうすると「社長は社員の意見を聞かないワンマンな独裁者」といわれてしまいます。

　経営判断も多数決でするべきだ、自分と経営者の意見は同じ価値の1票だ、と考えてしまう社員も少なくないわけです。

　経営者は孤独なのです。

　では、どうやってこの孤独を乗り越えればいいのでしょうか。

5つの方法を学びましょう。

①経営者の仲間を持つ

経営者の気持ちは経営者にしかわかりません。

経営者にしか共感できない話題、想いなどを共有しましょう。

②気分転換をする趣味を持つ

頭を空っぽにして集中できる趣味を持ちましょう。

音楽でもスポーツでも、何でも仕事のことを忘れる瞬間をつくりましょう。

③忘れるクセをつける

イヤなことは、とにかく忘れるに限ります。

寝たら全てを忘れられるように、メンタルトレーニングをしましょう。

④大声で発散する

イヤなことはとにかくため込まないことです。

風呂場でタオルを噛みながら、大声で叫びましょう。

⑤デスノートに書く

我慢できないくらい許せないと感じた時は、その相手の名前とされたことを書いて、その後は忘れてしまいましょう。

後から仕返しする必要はないですが、その悔しい思いをパワーに変えるべく思い返すことも必要です。

デスノートに書いたというだけで、少しは気が楽になるものです。

第7章 ── 経営者マインドを整える

7-6

「経営参謀・メンター」の選び方

　自分に合った「経営参謀・メンター」を持つと全てが変わります。

- 自分の視座を上げられる
- 夢実現のステップが明確に言語化される
- 最短距離で成功へのステップを踏むことができる
- 自分の事業へのモチベーションを上げることができる
- 期限のある宿題をもらうことで自分を律することができる

　成功する経営者には、必ず「経営参謀」や「メンター」がいます。

　「新規事業」やスタートアップ企業では、自分がこれまで経験したことがないこと、わからないことばかりです。

　自分1人で考えていると何ヶ月もかかってしまうことが、優秀な「経営参謀・メンター」を持つだけで、すぐに解決してしまいます。

　経営者は常に、自分や自社の事業に合う、「経営参謀・メンター」を探す努力をするべきなのです。

　まさに一期一会です。

　良い「経営参謀・メンター」を持つと、「新規事業」の成功確率が格段に上がることは間違いありません。

　劉備（りゅうび）が諸葛孔明を軍師として迎えた「三顧の礼」のように、素晴らしい「経営参謀・メンター」に手伝ってもらうためには、お金と労力を惜しんではいけません。それだけ価値があるのです。

　では、「経営参謀・メンター」はどうやって選べば良いでしょうか。

　3つの条件があるので、順番に見ていきましょう。

（1）ビジネスにおいて明確に成功という結果を残していること

「経営参謀・メンター」により、自分の限界値が決まる恐れがあります。ですから、**必ず自分が望んでいる未来と同等か、それ以上の結果を残した実績のある人**を選びましょう。

　上場を目指す経営者は、上場経験がある「経営参謀・メンター」のほうがいいでしょうし、海外展開を望んでいる経営者は、海外で成功した経験のある「経営参謀・メンター」がいいでしょう。

　人は自分の器の度量でのみ物事の判断をしてしまうものですから、やはり「経営参謀・メンター」の器の大きさやレベルをしっかりと見極めないと、意味のあるサポートを受けることは難しいと思います。

（2）共感できる、ロールモデルとなる人であること

　いくら成功していても、自分がこうなりたいと思えるロールモデルになり得ない人は向いていません。

「経営参謀・メンター」に対して、ある種の憧れがないと努力をするモチベーションが生まれてきません。

（3）甘やかすのではなく、背伸びの基準を上げてくれること

「経営参謀・メンター」に優しい言葉を求める人がいます。
　優しい言葉だけでは、なかなか自分の殻を破り、限界を超えて成長することはできません。

　耳障りのいい言葉ではなく、本質を見極めて足りない点を指摘してくれる、その道筋を叱咤激励しながら並走してくれる。そんな「経営参謀・メンター」を見つけましょう。

第**7**章 ──経営者マインドを整える

191

New Business Development

第 **8** 章

経営チームを組成し
勝てる組織をつくる

成功する新規事業の
経営チーム組成の秘密！

私はもう35年以上経営者をやっていますが、事業そのもので悩んだことはほとんどありません。しかし、組織や人事、評価、経営チームについては、悩まなかったタイミングがないくらいずっと悩み考え続けています。私が支援している経営者の悩みも、ほとんどが「人と組織」です。「新規事業開発」の成功にとって、この普遍的な悩みの解決は不可欠ですので、組織やルール、評価や会議などについて具体的にどうすればいいのかまとめました。共に学び、勝てる組織をつくりましょう。

8-1

「経営チーム」「組織」のつくり方

「新規事業開発」において、果たして組織は重要なのでしょうか?

　会社は「人」で成り立っており、経営も「人」が行ないます。
　経営チームや社員も「人」ですし、親会社や関連会社も「人」です。
　株主や取引先、金融機関も「人」ですし、顧客も「人」なのです。
　全てに「人」が介在するからこそ、いつも予測不可能で、経営はまさに「アート」なのです。

「新規事業開発」の成功は、全て「人」で決まります。
「人」の本質をどのように理解し、どのように「人」の能力を最大化する仕組みをつくるのか、それこそが「組織」の真髄だと思います。

　私は経営参謀として多くの会社の戦略をつくってきましたが、組織論については、これまであまり外部で腹落ちする考え方、手法がありませんでした。
「新規事業開発」において、会社は本来、目的を常に意識した「機能体」でなければならないと私は考えていますが、「共同体」として捉えたアプローチが多かったからです。

　組織論に関して、初めて考え方が一致したのは、意識構造学、「識学」の考え方です。
　会社をしっかりと「機能体」として捉えた考え方が身に付くので、「新規事業開発」で成功したい方にはお勧めします。
　さて、「経営チーム」を組成し、勝てる組織をつくるためには、「経営チーム」と「社員」のそれぞれの役割を明確に定義することが重要です。

1. 経営チームの役割

「経営チーム」とは、企業を安定して運営し、発展させるために、企業において指導的な役割を果たす集団のことです。

経営者と共に経営会議に参加し、経営会議での議論を経て、会社の重要な事項の意思決定を行ないます。

意思決定を行なうわけなので、必ず1分野の担当役員は1人にして、複数の意思決定権者をつくらないことが鉄則です。

「経営チーム」は、経営者に、時には反対しなくてはいけませんから、馴れ合いが生じるような関係は御法度です。

プロとして経営者と対峙する必要があります。

一方、「経営チーム」は、経営者の理念、考え方を理解し、社員に伝えていく役割もあります。

時には経営者の盾となり守り抜く覚悟と、信頼関係が必要です。

また、「経営チーム」は、社員を統率し、社員の個性や能力を活かして、会社全体の価値向上、利益の最大化に貢献しなくてはいけません。

最終的に、会社の業績を上げることで、社員に今よりいい「給与」や「仕事の機会(チャンス)」を与える責任、社員を成長させる責任があります。

このように、「新規事業開発」において「経営チーム」は、非常に重要な役割を担っているのです。

「経営チーム」をしっかりと機能させていくためには、5つのルールを決めることが効果的です。

(1)「経営チーム」は必ず担当分野の「最終決定権」を持つこと

「経営チーム」のメンバーが、自分の担当分野について最終決定権を持っていないと、意味がありません。

何でも経営者に聞かなければ進められないようだと、経営のスピードが落ちてしまいます。

しかし、テーマによっては、経営会議での議論が前提となるものもあるので、**経営会議を経なくても決められること、経営会議を経て決めないといけないこと、を必ず明確**にしておきましょう。

(2)「経営チーム」は、担当分野以外のことは決定しないこと

経営においては、「経営チーム」のメンバーの意見が一致しないことはよく起こります。

しかし、あくまでも**最終決定権者は担当役員ですから、経営会議の**場で侃々諤々の議論をした後は、**自分の担当分野以外の決定はしない、口出しをしないこと**にしましょう。

(3)「経営チーム」は、他の役員のことを経営会議以外の場で、批判したり、悪口をいったりしないこと

経営会議の場では、自分の考えは自由に述べるべきですし、建設的に他の役員の批判をすることもいいでしょう。

しかし、**経営会議の場以外では、決して批判、悪口は避けましょう。**組織全体のムードを悪くし、活力を奪うだけです。何もいいことはありません。

(4)「経営チーム」は経営全てに一定の責任を持ち、経営課題について、経営会議でしっかりと議論を重ねること

「経営チーム」のメンバーは、自分の担当以外の分野についても関心を持たねばなりません。

最終決定権者は担当役員であったとしても、「経営チーム」は経営全てに、役員としての責任を持っています。

経営会議を通じて、他の役員ともしっかりと議論をして、問題点を洗い出し、潰し込み、意思疎通を図り、協力して経営にあたっていく責務があります。

(5)「経営チーム」は経営者が最終的に決断したことには従うこと

「経営チーム」のメンバーは、それぞれが担当分野についての最終決定権者です。

しかし、経営会議を経て決めることになっているテーマについては、経営会議でしっかりと議論した上で、経営者が最終決断をした場合には、それを尊重する必要があります。

たとえ意見に違いはあったとしても、経営会議の場を一歩出たら、「経営チーム」は一枚岩にならないといけません。

全員で協力して会社の成長のために努めましょう。

経営者の決断、判断を尊重し支援していくことは、「経営チーム」の重要な責務です。

2. 社員の役割

社員の役割とは何でしょうか。

管理職でも一般社員でも、それぞれの役割や職責に応じて、会社の価値最大化、収益拡大のために貢献する責任があります。

会社と雇用契約を結ぶ以上、社員としての責任を全うできない場合は、報酬や仕事の機会を与えられなくなる可能性があることも理解しないといけません。

社員にとって会社に有益性がないとなれば、社員は会社を退職して別の機会を探すでしょう。

同様に、会社にとって社員に有益性がないとなれば、会社は社員に退職を促すことがあるかも知れません。

このように、**役割に応じた「責任」が「権利」と同時に発生するもの**であることをお互いにしっかりと理解した、「強い組織」をつくっていきましょう。

では、社員が会社に求める有益性とは何でしょうか？
「給与」や「機会」以外にも、「成長のチャンス」「ステータス」などもあるかも知れません。

社員の「成長」が会社の「成長」につながり、会社が成長することで得られた「ステータス」が、社員の「ステータス」にもなります。

この**「社員と会社の深い連動性」**をいかに社員に理解してもらえるか、体感してもらえるかこそが、**本来あるべき組織づくり、チームビルディングの本質**なのだと思います。

8-2

「ルール」のつくり方

「新規事業」の成功のために、ルールづくりは非常に重要です。

人が集まると認識のズレが起きますが、これを解消するのが「ルール」です。

ルールがない組織は一見自由に見えますが、自分がどこまで関わっていいのかが曖昧で、皆が思い切り動くことができずに、お見合い状態が起きてしまいます。

一方、ルールが明確で自分のやるべきことが決まっていれば、その範囲内で自由に思い切った動きをすることができます。

ルールはむしろ、自由を担保、後押ししてくれる「武器」なのです。

ルールとは、就業規則とは別に「社員が絶対に守るべきもの」です。

ルール違反者がいなければ、社員はルール違反に対するイライラから解放され、個々の「心理的安全性」も確保されます。

ルールは決して曖昧であってはいけません。

全社員が理解できる、明確に言語化されたルールをつくることが必要です。

つまり、なぜ（WHY）、誰が（WHO）、いつまでに（WHEN）、何を（WHAT）、どうするのか（HOW）、ルールにおいては「4W1H」を明確にする必要があります。

しかもそれが、おざなりなものではなく、必ず守らなければならないものとして、社内で共通の意識を持つことが重要です。

まずは、「誰でも守れる簡単なルール」をつくり、皆で守ることが

できるという成功体験をつくること。

　次に、**少し難易度の高い「能力の有無により結果に差が出るルール」をつくり、個々の社員の結果をしっかりと評価する環境にすることが必要なステップ**です。

　では、「**誰でも守れるルール**」とはどんなものでしょうか。

・挨拶をする
・整理整頓する
・日報を出す

　これらのような、意識さえしていれば誰もができるルールのことです。まずは、「誰でも守れるルール」によって、皆が会社のルールを守っているという「共通成功体験」をつくりましょう。

　そして、皆がルールを守ることに慣れてきて、当たり前にできるようになれば、次に、より規律が求められるルールを順次設定していくのです。

「必ずルールを守る」ということを、「組織の文化」にしていきましょう。

　２つ目のステップ、「**能力の有無により結果に差が出るルール**」とは、どんなものでしょうか。

・営業先へのアタック件数
・訪問件数
・処理件数
・売上目標
・品質基準

　など、業績に直結する仕事上での個々の行動に関するルールのことです。これは、難易度が高いため、「能力の有無によって結果に差が出る」ものです。

200

しかし、**ルールを守ることに慣れた社員の皆さんは、個々の行動規律が保たれているので、たとえ難易度が高いルールでも、それを守る「約束」をして、チャレンジしていくことができる**でしょう。

社員の皆さんが、モチベーションに頼ることなく、業績に直結した行動を自らとるようになるわけです。

そして、**社員のルールを守る行動、チャレンジ、約束の結果を、経営者、経営チーム、上司はしっかりと評価していきましょう。**

ルールを守るという基本的な行動を徹底することが、「組織の文化」を変え、「個々の意識」を変え、「組織の成長」につながっていくのです。

「ルールを守れない組織」が結果を出すことはありません。

ルールは絶対に守らないといけないものですから、どんな立場の人間でも、決められたルールを守らない場合、必ずペナルティが生じる「仕組み」をしっかりとつくりましょう。

今後ますます、会社は多様化を求められ、様々なバックグラウンド、考え方、個性を持つメンバーが集まるようになっていきます。

その時に大切なのは、皆が守るべきルールを定め、小さなルールでも皆が必ず守る、そういった「組織文化」をつくり上げておくことです。

難しいことではありません。**明確なルールを定め、全員でそれを必ず守ることを徹底する**、ただそれだけでいいのです。

皆が必ずルールを守る「規律ある組織」こそが、個々の社員それぞれの持つ能力やアイディアを最大限活かすことができる、「勝てる組織」になるということを忘れてはいけません。

8-3

「組織図」のつくり方

「組織図」とは、会社の内部構造をわかりやすく図式化したものです。

組織の全体像や指揮命令系統を明確に示しており、非常に重要です。ピラミッド型の組織図が一般的に馴染みがあるのではないでしょうか。

最近、組織論としては、「ティール組織」や「分散型自律組織（DAO）」といった様々なアプローチが存在します。

非常に興味深いですし、理念には賛同するところも多々あるのですが、日本の、しかも「新規事業開発」において、最も成功できる組織の在り方かと問われると、私はそうは思っていません。

「新規事業開発」においては、**指揮命令系統（上下の位置）が明確で、それぞれの「期待される役割」「権限の範囲」「責任の範囲」がしっかりと言語化されている組織形態**のほうが、よりスピード感を持って成長していけるのではないかと考えています。

それでは、「組織図」をつくる意味とは何でしょうか。

しっかりとした「組織図」があることで、会社の全体像が理解できます。

単純に誰が上で、誰が下かを示すものではなく、**社員一人ひとりが、自分の会社での「立ち位置」や「役割」を認識でき、自分や周りの「権限」や「責任」を理解することで、生産性の向上にも役立ちます。**

また、「組織図」が明確化されていれば、今人材が不足している「役割」や「ポジション」が一目瞭然です。

それに対応して採用を強化することや、アウトソースすることも可

能で、個々の社員が、業績向上のために「自分が本来やるべき業務」に集中できるというメリットもあります。

「新規事業開発で勝てる組織図づくり」のポイントは3つあります。

① 社内にいる人材だけをベースに考えず必要な役割から考える

　目標業績を達成するために、組織に本来必要な「役割」にしっかりと目を向けましょう。

　その役割を果たすのが、今社内にいる人材なのか、新たに採用するのか、アウトソースするのか、という最適方法を考えていくことが重要です。

② 役職の地位の高さを全部門間で揃える

　同じ役職の人の地位が部門間で違っていると、部門間調整をする場合に、必要な意思決定をする際の判断が極めて難しくなります。

　地位の高い役職者がいる部門に対しての遠慮、忖度が働くからです。

　同じ役職の人であれば、必ずどの部門でも地位は同等であるようにしておくべきなのです。

③ 評価者を明確に示し、必ず1人にする

　社員が1番困るのは、たくさん上司がいる状態です。

　色々な人から指示をされ、アドバイスをされ、評価されてしまうと、それぞれいうことは必ずニュアンスが違いますから、混乱し、疲弊し、いい結果を出すことが難しくなります。

　必ず1人の社員の評価者が1人になるように「組織図」をつくってください。

「指揮命令系統」「報告系統」「評価系統」が明確でわかりやすく、シンプルに理解できる「組織図」こそがいい「組織図」なのです。

8 - 4

「評価制度」のつくり方

「新規事業」の成長において、人や組織が大事であることはいうまでもありませんが、人や組織が会社の業績向上や成長のために、うまく機能していくためには「評価制度」が極めて重要です。

「評価制度」が良ければ、社員は自然と目標達成のために行動するようになりますし、「評価制度」が悪ければ社員の意欲を阻害し、社員は目標達成のための行動をとらなくなります。
　では、「評価制度」のポイントは何でしょうか。

1. 本人評価とズレが生じない「結果」のみで評価

「いつまでに」という「期限」と、「どうなるのか」という「状態」が明確で、主観が入り込まない数値化された「結果」で評価しましょう。

- 何月何日までに何円の売上を確保する
- 1週間の間にデザインを何個完成させる

　このような評価項目のことです。

「周りと協調する」「チームを鼓舞する」「能力を磨く」「責任感を持つ」といった評価項目を設定してしまうと、どうしても主観評価になり、評価者と被評価者の認識のズレが起こり不満が生じてしまいます。
　プロセスは全く見ないで、結果のみで必ず評価しましょう。
「期限」と「状態」が明確な評価項目を設定していれば、途中の経過点で進捗を管理したり、指導することも非常にやりやすくなります。

204

2. 管理職評価は管理する組織全体の結果で評価

　経営者や経営チーム、管理職はそれぞれ、自らに管理責任がある組織を持っています。

　経営者なら会社全体、経営チームなら担当部門全体、管理職なら担当チーム全体の成績で、必ず評価をしましょう。

　もちろん、管理職にも「個人の結果」はあるでしょうが、**管理職評価においては、「個人の結果」を持ち込まず、「自分に責任がある組織全体の結果」で全て評価をする**ことが大切です。

　自ら管理する組織全体の結果に、評価が全て依存するのであれば、管理職は必ず「管理する組織全体の結果を最大化する」ために、自分の行動をコントロールします。

「管理する組織全体では結果が出なかったが、自分の個人の結果は出せたから、自分はよくやった」
「管理する組織全体で結果が出なかったのは、自分のせいではなく、部下たちの働きが悪いからだ」

　こういった**「他責」の要素を排除し、全てが「自責」と認識させる**ことが、**評価の肝**となります。

　管理職が自ら管理する組織全体で結果を出せなかった場合、それは間違いなく「自責」なのだと明確に示し、本人に認めさせて、受け入れさせて、次にどんな行動をとれば結果を出せるのか、その行動変化について考えさせることが重要です。

　それが管理職の個人の成長を促し、組織全体の成長につながっていきます。

3. マイナス評価も設定し、全ての免責を排除する

「結果」が出た場合には、昇進・昇給があるわけですから、「結果」が出なかった場合には、降格・降給するようにしましょう。

評価にはプラスかマイナスしかなく、「ゼロ評価」はありません。

　もちろん、マイナス評価を実施する際には、「明確なルールの設定」と「上司からの改善指導」をセットにして慎重に行なわなければいけません。さらに「明確な評価項目」に対しての、客観的な「結果」であるなら納得感があり、組織にとってはいい緊張感になります。

　また、結果が出たら、全ての「言い訳」「免責事項」を排除しましょう。

　部下はついつい、結果が出ないことに対し「他責」にして、言い訳をします。

　この「言い訳」を防ぐために、まず、評価項目設定時にゴールを明確にし、「言い訳のタネ」になりそうな全ての「要素」を出し尽くしましょう。

　そして「言い訳のタネへの対処法」まで自分で考えさせ、実行にコミットさせておけば、「結果」が出ない場合でも全て「自責」と認めざるを得なくなります。

　それでも「結果」が出た後に「言い訳」をする人もいます。

　その場合は、心を鬼にして「結果」が出なかったことは全て「自責」であることをしっかりと認識させましょう。

　決して「免責事項」を認めてはいけません。

ルール自体を変えること、「結果」のハードルを下げることは、優しさではなく、部下の成長を止めてしまうことになるのです。

　全て「自責」認識をして、次の「結果」達成のために、自分で工夫し行動変化を起こすことこそが、唯一の自己成長への道なのです。

8-5

「会議」のつくり方

「会議」はうまく設定できれば、非常に意味のある場になりますが、設定方法を間違えると、ムダな時間を浪費する場になってしまいます。

「会議」とは、**目的を達成するための場**です。

目的が明確で、必要な参加者が参加していることが1番重要です。

また、**結論を出すことに集中すること、やるのかやらないのかの2択選択にすること**を心がけていると、いい「会議」ができます。

会議は目的によって、次の行動を決める「**意思決定会議**」、意見や提案を出し合う「**意見共有会議**」、進捗や結果を確認する「**進捗確認会議**」、の大きく3種類に分けられます。

「**意思決定会議**」は結論を出すことが目的なので、必ず最終決定権者をメンバーに入れ、すぐに次の行動に移れるように準備をしましょう。

「**意見共有会議**」は参加者の意見共有が目的です。

意見を出しやすい雰囲気や否定しないルールをつくり、決められた時間内で、参加者の考えや想いを最大限吐き出させることに集中しましょう。

「**進捗確認会議**」は目標確認、現状の結果確認、結果達成のために自ら行なう行動変化の確認、次の目標や行動の確認をすることが目的です。

過去の結果の原因分析ではなく、未来の結果に向けた「約束の場」であることを常に意識しましょう。

会議は、必ずプロジェクトスタート前と終了時に設定し、妥協せず必ず「自責」で向き合うルールにしましょう。

　会議参加者は３階層にせず必ず直属の上司と２階層で行ないます。

　本来の上司、意思決定権者とだけ、集中して向かい合うためです。

　「会議」の形式、時間、参加者などは、必ずフォーマット化しましょう。

New Business Development

第 **9** 章

事業資金を調達する

お金があれば
会社は潰れない！

「新規事業開発」では、どうしても事業内容やビジネスモデルにばかり目がいきがちです。しかし、事業資金を集めないと、そもそも事業はできません。事業資金の集め方は多岐に渡っており、経営者にとって本当はどういった資金調達をするのが得なのか、理解するのは非常に難しくなっています。そこで、経営者、投資家、銀行マン、コンサルタント、色々な立場からスタートアップ企業や新規事業開発チームの資金調達のお手伝いをしてきた経験を基に、中立な立場で客観的に、様々な資金調達法のメリット、デメリット、必勝法について具体的にまとめました。しっかりと学び、あなたの会社に合った資金調達を成功させてください。

9-1

「新規事業」成功のための
1番重要な仕事

　さて、「新規事業開発」について色々学んできましたが、経営者にとって1番最初に考えるべき、最も重要な仕事は何でしょうか？

　それは、「資金調達」です。
　事業を生み出し会社を運営していくと、必ず毎日お金が必要になります。大企業で「新規事業開発」の担当になった場合は、この「資金調達」の重要性についての意識が、やや弱いかも知れません。

　会社は、お金がなくなれば倒産します。
　逆にいえば、「**会社はお金さえあれば潰れない**」ということです。
　経営者は、とにかく会社が潰れないように「資金調達」をしなければいけないのです。

「資金調達」の方法は色々あります。
　大企業の場合は、本社から予算をつけてもらうことも「資金調達」です。
　スタートアップ企業では、経営者や経営チームが出資をし合って会社にお金を入れることも「資金調達」です。

　その他、様々な「資金調達」の方法がありますが、それぞれのメリット、デメリットがあるので、一つひとつ確認して、自社に合った資金調達の方法を選択していきましょう。

9-2

「資金調達方法」の メリット・デメリット比較

「資金調達」は、大きく分けると「デットファイナンス」「エクイティファイナンス」の２種類に分けられます。

「デットファイナンス」はお金を借りて「資金調達」する方法です。「デット」は、「借金・負債」を意味しています。「デットファイナンス」は、返さなければならない「資金調達」です。

「エクイティファイナンス」は株式発行して「資金調達」する方法です。「エクイティ」とは、「株式」を意味しています。「エクイティファイナンス」は、出資金を返す必要がありません。

返済の必要がある「デットファイナンス」より、返済の必要がない「エクイティファイナンス」のほうが魅力的に見えるかも知れません。

しかし、そう単純なものではありません。

「エクイティファイナンス」の場合、株主に株式を保有されているわけですから、その株主は経営について意見を述べる権利があるので、経営について色々口出しされることがあります。

株式割合によっては、その株主の意見を無視できない力を持たれたり、経営権を奪われる可能性もあります。

また、「エクイティファイナンス」で資金調達した場合、**株主の株式売却タイミングが予定の期間内に来なければ、経営者が株式を買い戻して出資金を返金するという契約**を結ばされることもあります。

「資金調達方法」それぞれのメリット、デメリットをしっかりと理解しておかないと、後々困ることになるので、皆さんはぜひ、今のうちにしっかりと学んでおきましょう。

事業資金を調達する──第9章

211

1. 銀行借入（デットファイナンス）

メリット	デメリット
・調達しやすい	・返済義務がある
・金利が安い	・審査などに時間がかかる
・経営に口出しされない	・自己資金が必要
	・預金口座が必要

「デットファイナンス」の代表的なものが、「銀行借入」です。

銀行借入で「資金調達」を行なった場合は、「元本」に加えて「金利」も合わせて返済する必要があります。

今の日本は、この「金利」が世界史上、最も低い水準なのです。

信用力が全くない、まだ出来たばかりの会社が、たかだか１％程度の金利で、無担保無保証で借入ができるチャンスがあるのです。

元銀行員の私から見ると、信じられないほどの好条件です。こんなに素晴らしいチャンスを掴まない手はありません。

ぜひ、**可能な限り多くの資金を銀行借入で調達してください。**

では、銀行借入はどこから始めるといいのでしょうか？

まずは、必ず「日本政策金融公庫」の門を叩いてください。

日本政策金融公庫とは、国が100％出資した、財務省管轄の政府系金融機関のことです。

国益のために設立された銀行で、公庫自体の利益よりも、中小企業や個人など国民の経済的な課題の解決が優先されます。

そのため、**無担保、無保証、低金利でスピーディーに融資を受けることができるというメリット**があります。

新たに「起業」する場合、「新規事業開発」を行なう場合などは、「特

別貸付」の制度を活用し、有利な条件で借入をすることが可能です。

　もちろん、借入をするには、「事業計画書」が必要になります。

　これまで学んできたことを活かして、しっかりとした「事業計画書」を準備して、臨みましょう。

　日本政策金融公庫の次に検討をすべきなのは、「信用保証協会の保証付融資」です。

　「信用保証協会」は、中小企業が金融機関から借入をする際に、保証人となって、融資を受けやすくなるようにサポートをしてくれる公的機関のことです。

　「保証付融資」では、もし借主の返済が滞った場合に、借主に代わって信用保証協会が金融機関に「立て替え払い」を行ないます。

　所定の信用保証料の支払いは発生しますが、信用力がまだ充分でないスタートアップ企業にとっては非常に有難い制度です。

　この「信用保証協会の保証付融資」の依頼先は、自社の本社住所がある地域の地銀、信金、信組などの地元金融機関がお勧めです。

　フットワークよく、親身になって相談に乗ってくれるので、まずは相談してみるといいでしょう。

2. VC（CVC含む）の出資（エクイティファイナンス）

メリット	デメリット
・返済義務なし ・経営アドバイスやサポートが得られる ・プロの目で経営をチェックしてもらえる	・経営に口出しをされる可能性がある ・経営権を握られる可能性がある ・投資契約で株式買い取り義務が発生する可能性がある ・上場時には必ず保有株式を売られる

「エクイティファイナンス」の代表的なものが、「投資家からの出資」です。

ここからは、投資家の種類によって全く違うメリット、デメリットについて確認していきましょう。

まずは、VC（ベンチャーキャピタル）という投資家からの出資について見ていきましょう。

合わせて、CVC（コーポレートベンチャーキャピタル）についても確認します。

VC、CVCとは一体、何でしょうか？

VCとは、未上場のスタートアップ企業に出資して株式を取得し、将来その企業が株式を上場した時に株式を売却することで、大きな値上がり益の獲得を期待する投資会社や投資ファンドのことです。

CVCとは、VCの一種で、大企業が主体となって運営するVCです。

大企業が自社の成長のために、自社事業とのシナジーや、新しい技術やアイディア、人材を取り入れることを目的とした投資が多い傾向

があります。

　VCの種類として他には、金融機関系VC、政府系VC、地域系VC、大学系VCなどがあり、それぞれに特徴があります。
　もちろんそれぞれ特徴はあるのですが、**あくまでもVCである以上、投資対効果が非常に重要な指標**となります。

　大きくは「VCというカテゴリーの中での特徴の差である」と考えておいたほうがいいでしょう。

　では、VCとは、どう付き合っていくのが良いのでしょうか？

　私はその昔、スタートアップ企業の経営者として上場前に4社のVCから資金調達を行ないました。
　また、私の投資先、顧問先もこれまでに数多くのVCから出資を受けています。
　その経験からいえることは、VCはしっかりと見極めないと、後から困るということです。

　VCは担当者によって、その能力、人柄、見識、経験が大きく違うのです。これは非常に大事なポイントです。

　もちろんなかには、極めて優秀なキャピタリストもいることは確かです。
　私もそういった素晴らしいキャピタリストに、お世話になったこともありました。
　しかし、その多くは事業経験の乏しい、頭でっかちな担当者だということもまた事実です。非常に当たり外れが大きいのです。

・大した事業アドバイスもできない
・人を紹介してはくれるが的外れである

事業資金を調達する

第9章

- 協業スタイルのイメージができていないために時間がムダになる
- 月次報告などの細かい報告資料の提出を散々求めてくる
- 上場したら、すぐに株式を売ることも決まっている
- 上場の見込みがなくなれば、買取請求をしてくることもある

そういう問題があることもまた、VC出資の現実です。

VCについては、しっかりと担当者の能力や契約内容を、こちらも見極めて、慎重に選択することが重要です。

〈VCの見極めが重要〉

3. 事業会社の出資（エクイティファイナンス）

メリット	デメリット
・返済義務なし	・経営に口出しをされる可能性がある
・経営アドバイスやサポートが得られる	・経営権を握られる可能性がある
・売上協力の可能性がある	・ビジネスアドバイスのレベルは人によって差がある
・優秀な人材を活用できるチャンスがある	
・出資によって信用度が増加する	
・報告が緩やか	

　次に、「事業会社からの出資」について見ていきましょう。

　私が「新規事業開発」の「資金調達」手段として、**「銀行借入」の次にお勧めするのが、こちらの「事業会社からの出資」**です。

「事業会社からの出資」は、スタートアップ企業にとっては極めてメリットが大きいです。
　もちろん、大企業の「新規事業開発」において、親会社などから出資をしてもらうことも、同じく「事業会社からの出資」といえます。

　しかし、**CVCは「事業会社からの出資」とは違い、VC的な要素が強い**ことは忘れてはいけません。
　あくまでもCVCはVCですから、シナジーよりも投資対効果が大切にされます。

4. 個人投資家の出資（エクイティファイナンス）

メリット	デメリット
・返済義務なし	・経営に口出しされる可能性がある
・経営アドバイスやサポートが得られる	・経営権を握られる可能性がある
・報告が緩やか	・個人投資家は上場前の東証チェックでかなり慎重に見られる
・経験豊かな個人なら有効なアドバイスや人脈紹介が得られる	・企業価値向上に寄与しない投資家もいる
	・なかなかいい投資家に出会えない

「個人投資家からの出資」については、極めて有効な「資金調達」手段である一方、一歩間違えば致命傷にもなりかねないので、注意が必要です。

　当然ですが、誰から調達するのかが全てです。

　望ましい個人投資家からの出資であれば、事業成長においても、株価形成においても、プラスでしかありません。

　しかし、**ダメな個人投資家からの出資は、百害あって一利なし**です。

　お金があることと、企業価値向上に寄与できることは違います。

　お金がある人が、お金に汚くないわけではありません。

　苦しい時にお金を出してくれる人は、全て魅力的に見えてしまいますが、事業をする根源的意味に立ち返り、踏みとどまる勇気も必要です。

　では、個人投資家を判断する基準について考えていきましょう。

【①望ましくない個人投資家】

- 事業経験や成功実績がない
- 事業のポイントを理解する能力がない
- 経営者に寄り添う気持ちがない
- お金に汚く自分の利益が最優先である
- 信頼できる人的ネットワークがない
- 経営者の時間をムダに奪う

【②望ましい個人投資家】

- 事業経験や成功実績を豊富に持っている
- 時代を読み、事業のポイントを理解し的確なアドバイスができる
- 経営者に寄り添える失敗経験や人間的な幅がある
- 会社の社会性や企業価値向上、世界での活躍を１番に喜べる
- 付き合いの長い信頼できる人的ネットワークを持っている
- 経営者の時間への配慮ができる

　反社会的勢力と関係がある個人投資家を外すのは当然のことですが、お金を持ってはいても、人として尊敬できない、共感できない個人投資家からの出資もまた、断らなければなりません。

　投資家は単にお金を出すだけの人ではなく、夢に向かって同じ船に乗船する仲間であり同志なのです。
「**企業価値向上にどれだけ寄与できるか**」「**人間としてどれだけ信用できるか**」、特にこの２点に注意して、他人の評価に振り回されず、自分の目でしっかりと冷静に見極めていってください。

5. 助成金や補助金（その他ファイナンス）

メリット	デメリット
・返済義務なし ・経営に口出しをされない ・公的機関に認められた信用力がつく	・種類が多く自社に合うものを見つけるのが大変 ・採択条件が厳しい ・募集期間が短い ・審査書類の作成が大変 ・報告書類の作成が大変 ・必ずしも採択されると決まっているわけではない ・期間終了後、審査を経て入金になるため、かなりの自己資金が必要になる

「助成金や補助金」については、自社の状況にぴったり当てはまるものがあるかどうかの見極めが重要です。

　内容、金額、対象分野、応募期間、提出物、審査方法、対象期間、報告内容、入金時期などをしっかりと比較衡量しながら、とりにいくのかいかないのか、慎重に検討する必要があります。

　私も１億円の助成金を獲得したことがありますが、**使ったお金の３分の２までが助成対象、しかも全ての支払い終了後、報告書作成、審査を経て、かなり時間が経ってからの入金**でしたから、資金繰りにはかなり苦労しました。

「助成金や補助金」に強い士業の先生など、プロのサポートももらいながら、検討を進めましょう。

220

6. クラウドファンディング（その他ファイナンス）

メリット	デメリット
・返済義務なし	・手数料が高い（17 ～ 18％）
・スピーディーに調達可能	・資金調達が思い通りにいかない可能性がある
・商品発売前にニーズ調査、宣伝ができる	・リターン（返礼）の準備が必要
・見込み顧客の獲得ができる	・掲載内容によっては炎上、風評被害の可能性がある
・想定以上の調達ができることがある	

「クラウドファンディング」とは、**インターネットを使って不特定多数の人から少額ずつ資金を調達する仕組み**のことで、新たな「資金調達」の手法です。

　支援者へのリターン方法の違いから、「**購入型**」「**寄付型**」「**金融型**」に分かれます。

　また、募集方式の違いから、「**All-or-Nothing（目標金額達成時のみ資金を受け取る）方式**」「**All-in（目標金額未達成でも集まった資金を受け取る）方式**」に分かれます。

　社会性がある事業で共感を呼ぶものや、会員制レストランの新規会員権などには「クラウドファンディング」は向いています。

　手数料が高いので、プロモーションだと割り切ってトライするのもいいかも知れません。

9-3

「資金調達」必勝法

1.「銀行借入」の必勝法

「資金調達」では、まずは「銀行借入」に力を注いでください。

歴史的な低金利、しかも金利減免や返済猶予などの優遇策が、スタートアップ企業や「新規事業」に対して、色々と実施されているこのチャンスを逃してはいけません。

しっかりと対策をして、借りられる限界まで借りることが重要です。1％程度の金利レベルの利益を生み出せないような事業ならば、再検討したほうがいいです。

「銀行借入」を成功させるためには、何をすれば良いのでしょうか？

まずは、銀行側の見方を知ることです。銀行は企業の何を見ているのでしょうか。

1番大切なポイントは、「貸したお金が金利と共に返ってくるのか」という視点です。

会社が成長することも大切ですが、そもそもきっちりと借りたお金と金利を返すことができる企業なのかを見ています。

その視点で、企業を、経営者を、経営チームを見ています。

市場を、ビジネスモデルを、商品・サービスを審査しているのです。

本当に信頼していい相手なのか。

確信を持ちたいから、経歴や背景、評判、レファレンス（人物調査）をとるのです。このあたりは、VCの視点とは全く違うことをしっかりと意識しましょう。

次に、「資金使途」を重視しています。

222

「とにかく大きな金額を借りればいい」
「とりあえず運転資金と書いておけばいいのでは？」

　などといい加減なアドバイスが横行していますが、論外です。

- なぜ、何のために、その金額が必要なのか？
- その金額でないといけない根拠は何か？
- その金額が借入できない場合はどうするのか？

「資金使途」については、準備を疎かにしないように注意をしてください。

　次に、銀行から信頼されるためにやるべきことをお伝えします。

　初めて会ったばかりの方に、いきなりお金を貸してくださいといわれたとしたら、あなたなら不安ではありませんか？　もっと相手のことを知ってからにしたいと思いませんか？
　ですから、**銀行との関係は、借入前のスタートからが重要**なのです。

　借入をする銀行に預金口座をつくってください。あなたの会社の日々のお金の流れを口座の動きで把握できていたら、銀行の不安は少しは和らぐと思いませんか？
　銀行主催の勉強会などで名刺交換をして、事業について話を聞いていた会社のほうが安心だと思いませんか？

　銀行との関係をつくっていくために、**将来、借入をする可能性がある金融機関の地元の支店には、必ず口座をつくりましょう**。
　大企業の「新規事業」であれば、親会社のメインバンクでいいのですが、そうではない場合は、地元の地銀、第2地銀、信金、信組など親身になってくれる金融機関を探しておきましょう。

事業資金を調達する

第9章

223

2.「出資獲得」の必勝法

　VCや事業会社、個人投資家からの出資獲得に、必勝法はあるでしょうか?

　最終的には経営者と経営チームの素晴らしさ、ビジネスモデルや商品・サービスの出来次第ではありますから、近道はありません。

　しかし、「出資獲得」に向けてできることは2つあります。

　1つ目は、「準備」をすることです。

　VCでも事業会社でも、個人投資家でも、やることは同じです。

　これから会う投資家の方が、何に関心を持っているのか、どんなポイントを投資判断の際に重視しているのかなど、事前にしっかりと調査をして「準備」をしてください。「準備」のレベルによって、「出資獲得」の可能性は大きく変わります。

　2つ目は、「投資家にもたらすベネフィットやシナジー」を明確にすることです。

　あなたの「事業計画書」や「プレゼンテーション」は、相手にどんなベネフィットをもたらすかを意識していますか?

　VCや個人投資家に対しても、単なる「投資収益」のアピールだけではなく、彼らの既存投資先とのシナジーなどに触れてみてもいいでしょう。

　また、事業会社の場合は、「出資するとこんなベネフィットが生まれる」「出資しないとこれだけ損をする」という事業シナジーのアピールは極めて効果的です。

　「この会社に出資をしないと損をする」と思わせるような、魂の込もったプレゼンテーションをしましょう。

3.「助成金」「補助金」の必勝法

「助成金」「補助金」については、毎年新しいものが始まることも多く、まさに知らないと損をする状態です。

しかし、全ての情報をこまめに集め続けるのは、なかなか難しいので、ここは「助成金」「補助金」に強い士業の先生など、プロフェッショナルと一緒に進めたほうがいいと思います。

一度、申請のための計画書のパターンをつくってしまえば、後は少しずつアレンジを加えて自ら対応することもできるので、まずは**早いタイミングでプロと一緒に「申請計画書」をつくり、ステップや手続き、必要書類などを体感**してしまいましょう。

いくつか経験を積めば、自社に合った「助成金」「補助金」の見極めができるようになってきます。

どんどんチャレンジしていきましょう。

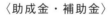
〈助成金・補助金〉

4.「クラウドファンディング」の必勝法

「クラウドファンディング」の目的は、単なる「資金調達」だけではありません。

自社の商品・サービスを潜在顧客層に知ってもらう、メディアなどにも知ってもらうことで、取材などの「広報的メリットを享受する」こともまた目的です。

特に飲食店や会員権販売などの場合は、見込み顧客や優良顧客の獲得、囲い込みにもつながるケースがあります。
しっかりと顧客目線で、「社会性」の高さや、他にはない「独自性」をいかに明確に示せるかがポイントになります。

悩むより、まずはクラウドファンディングをやってみることです。
1度経験すると、次回からはもっと効率的に、効果的に進めることができます。ぜひ、まずは経験してみてください。

〈クラウドファンディング〉

9-4

「出資」について
知っておくべき注意点

　出資について知っておくべき注意点は「出資割合の決め方」「出資のゴールの検討」の大きくは2つです。

1. 出資割合（持ち株比率）の決め方

　まずは、投資家からの出資割合（持ち株比率）の決め方です。
　出資前に会社の時価総額を上げておくこと、さらに時価総額を上げてくれる投資家からのみ、出資を受けることが大前提ですが、出資割合については細かく意識しておく必要があります。

　ポイントとなる出資割合（持ち株比率）は5つです。
　それぞれの出資割合の意味をしっかりと理解して、経営者や経営チームの、会社への影響力を削ぐことにならないように注意しましょう。

①出資割合（持ち株比率）▷ 66.7% 以上

　株主総会で「特別決議」を単独で可決できます。
　解散や事業譲渡、合併や会社分割などの重要事項を決めることができます。ここまで持ち株比率があれば、安泰といえるでしょう。

②出資割合（持ち株比率）▷ 51% 以上

　株主総会で「普通決議」を単独で可決できます。
　役員や会計監査人の選任、取締役の解任、役員報酬の変更などを決めることができます。
　スタートアップ企業においては、経営者や経営チームが51%以上を保有していることは必須といえますが、大企業の新規事業では、ガ

事業資金を調達する

第9章

227

バランスの観点から親会社が51%以上保有することも多いです。

③出資割合（持ち株比率）▷ 33.4% 以上

株主総会で「特別決議」を単独で否決できます。

　解散や事業譲渡、合併や会社分割などの重要事項を否決することができます。過半数は必要ないですが、経営について影響力を残したい場合、33.4%以上を保有するといいでしょう。

④出資割合（持ち株比率）▷ 20% 以上

「持分法適用会社」となります。

　大企業の「新規事業」においては、決算数字が親会社に影響を与える場合もあるので、慎重な判断をすることになります。

⑤出資割合（持ち株比率）▷ 15% 以上

役員派遣などの基準を満たせば、「持分法適用会社」となります。

　こちらも、大企業の「新規事業」においては、決算数字が親会社に影響を与える場合もあるので、慎重な判断をすることになります。

　このように、持ち株比率は会社のガバナンスそのものですので、ガバナンス上大きな違いがある、この5つの持ち株比率の数字を頭に入れて、どういった持ち株比率が自社にとって望ましいのか、最適解を見つけていく必要があります。

2. 出資のゴールの検討

　上場（IPO）によるイグジット、M&Aによるイグジットなどの出資のゴールを検討しておくことは、極めて重要なテーマです。

（1）上場（IPO）によるイグジット

メリット	デメリット
・信用度が上昇し、周りの対応が変わる	・上場準備に多大な手間とコストと時間がかかる
・新たなハイレベル人脈や情報とつながる	・上場達成のために短期的収益を重視せざるを得ない
・今後の資金調達がしやすくなる	・経営者として誹謗中傷を受けたり、世間から監視されている感覚になる
・業務提携や営業がしやすくなる	・入社希望者にサラリーマン的人材が増える
・幅広い人材を採用できる	

　株式上場は大変です。

　上場には、メリットもデメリットもあるので、上場するか否かは、経営者や経営チームが、株主ともしっかりとコミュニケーションをとって、決めていけばいいと思います。

　しかし、私は上場も上場廃止も経験している稀有な経験を持つので、皆さんにリアルな意見を共有させて頂きます。

　まず、**上場準備、上場審査が年々、大変になってきています。**

　主幹事証券会社探しや、監査法人探しもかなり困難です。

　時価総額が100億円を超えないと上場させないとか、今は200億円を超えないと上場は無理、といわれたという話も飛び交っています。

　上場コストも跳ね上がっていますし、本当にかなり覚悟しないとで

きないような、大量の作業が上場準備、上場審査にはたくさんあります。

　また上場してからも経営者は、「公人」として自由度が奪われます。
　私もよくYahoo!ファイナンスに「ここの社長、昨日西麻布で飲んでた」などと、虚実ないまぜで書かれた経験があります。

　株主総会も大変です。1株株主でも株主は株主。
　どんな質問にもしっかりと丁寧に答えないといけません。

　さて、それでも上場する意味はあるのでしょうか？
　あるのです。

　上場廃止を経験した私が今でも、「**1度上場は経験したほうがいい**」とスタートアップ企業の経営者の方にいっているのは、上場には意味があるからです。

　1番大きいのは、情報と人脈です。
　上場企業だけの会や、上場社長だけの集まりがたくさん存在しています。

　経験豊富で、見識の高い先輩上場経営者と、同じ「上場仲間」として接する機会を頂けること、様々な情報をもらったり、指導を受けたり、人としての姿勢を学べることは、経営者にとっては非常に大切な成長のキードライバーになります。
　まさに宝物です。

　「新規事業開発」「スタートアップ企業」でチャレンジするのであれば、ぜひ「上場」も視野に入れてみてください。

（2）M&Aによるイグジット

メリット	デメリット
・上場（IPO）に比べて、比較的短期間で実行が可能である	・上場（IPO）メリットを享受できない
・上場基準に満たない経営状況でもイグジットができる	・売却相手の選択に苦労することがある
・経営状況や経営の細かな数字を一般に開示する必要がない	・売却時の企業価値が想定より下回ることがある
	・売却後の事業に望み通り関われないことがある

　上場（IPO）のハードルが上がってきている状況では、M&Aによるイグジットは現実的なゴールの一つです。

　上場（IPO）は、「時の運」の部分もあり、業績が非常にいい企業でもうまく上場に至らないケースも度々ありますし、マーケット環境が自社のせいではなく大きく変わってしまうケースも多々あります。
　自社をそういった不確実な状況に長い時間晒すことをリスクと捉えて、早めにM&Aによるイグジットを達成するという選択は、今後ますます増えていくと考えられます。

　また、スタートアップ企業の経営者は「ゼロイチ」が得意な人が多く、「ゼロイチ」が好きな人も多いという傾向があります。
　新しく創り出した事業を自分よりもっとうまく、早く成長させる「1→100（イチヒャク）」が得意な別の企業や個人に、経営を任せることも懸命な判断かも知れません。

　上場（IPO）もできるようにしっかりと準備を進めておけば、状況判断の上、M&Aによるイグジットを選択することも可能ですから、両睨みで考えて事業を進めましょう。

(3) バイアウト（BUY OUT）

　投資家から出資を受けたものの業績が悪化した場合などに、経営を再建して事業を継続するために、経営者や社員が自社の株式を買収する「バイアウト（BUY OUT）」という手法もあります。
　こちらの主体は、新規事業やスタートアップ企業の創業者やオーナー（主要株主）ではなく、経営者や社員になります。
「出資」のゴールとはまた違いますが、知識として知っておいたほうがいいので簡単にまとめておきます。

　「バイアウト」には、MBO、EBO、LBOという手法があります。

　「MBO（マネジメントバイアウト）」は、企業の経営者が、株主から株式を買い取り、独立する手法です。

　「EBO（エンプロイーバイアウト）」は、社員が、株主から株式を買い取り、独立する手法です。

　「LBO（レバレッジドバイアウト）」は、他の企業の資産や将来のキャッシュフローを担保にして、買収する企業が資金調達を行ない、株主から株式を買いとる手法です。
　小さな負担で企業買収が実行できるために、買い手がつきやすいM&Aの手法になります。
　LBOは、他社が株式を取得することで、株主は売却価格を手にすることができるのです。
　LBOはイグジットの一つの手段とされる場合もあります。

New Business Development

第 10 章

マーケティングで顧客を掴む

究極のマーケティングは
愛である！

ドラッカーはマーケティングとイノベーションを企業存続の不可
欠な機能と位置づけています。また、我が師フィリップ・コトラー
は、「マーケティングは世界を変える」といっています。それだけ
マーケティングは企業経営にとって重要なテーマです。しかし、
マーケティングの本質を数々の実戦経験で学んだ「本当の意味で
のマーケター」は多くはいません。マーケティングのプロを自負
する私が、机上の空論ではない、実戦で失敗を繰り返しながら習
得した「実戦マーケティング」の7つの考え方と5つの戦い方を
お教えします。

10-1

「マーケティング」とは何か

1. マーケティングの定義

マーケティングとは何でしょうか。

狭義の「マーケティング（MARKETING）」とは、自社の商品・サービスが素晴らしいと自分たちで顧客に伝える活動です。

「広告（ADVERTISING）」とは、自社の商品・サービスが素晴らしいと自分たちで顧客に何度も何度も伝える活動です。

「広報（PUBLIC RELATIONS）」とは、自社の商品・サービスが素晴らしいと他の人から顧客に伝えてもらう活動です。

「ブランディング（BRANDING）」とは、自社の商品・サービスのことを素晴らしいと顧客自らがいいたくなるように仕向ける活動です。

それぞれ違う活動なのですが、私は広義の「マーケティング」とは、この4つ全ての活動を内包したものだと考えています。

〈マーケティングとは〉

私は、「マーケティング」について考えている時間が最も幸せな時間なのですが、長く考え続けてきた私の結論は、「**マーケティングとは愛である**」ということです。

マーケティングは、「商品・サービス販売」のためだけに存在するのではありません。**人事、採用、製造など、「人が関係するところ」は全てマーケティング領域**といえるのです。

マーケティングとは、「人の気持ち」に寄り添い、「人の求めること」と「自分のやりたいこと・叶えたい未来」を結び付けていく行動のことです。

それは、「お互いが幸せになるための行動」ですから、それを「愛」と呼ばずして、何を「愛」と呼ぶのでしょうか。

経営者も人。社員も人。顧客も人。

人が介在すると、そこには不確実性が生まれます。

ですから経営は「アート」であるといわれるのです。

同様に、マーケティングは、「人による」「人を想っての」「人に対しての」営みですから、「アート」といえるのです。

「愛」であり、「アート」なのだと考えれば、難しく思えた「マーケティング」も興味深い、身近なものに感じられるのではないでしょうか。

ぜひ、マーケティングに関心を持ち、楽しみながらマーケティングを活用してください。

2. 神様コトラーのマーケティングの捉え方

マーケティングの世界には、世界中の人が神様と認める方がいます。

フィリップ・コトラー教授です。

私も大学時代、自分で考えついたと思っていた様々なマーケティング手法が、すでにコトラー教授により、随分前にしっかりと整理されまとめられていたものだと気づき、衝撃を受けたことを、いまだに覚えています。

　マーケティングについては、まずはコトラー教授から学ぶべきです。

　私は2022年にコトラー教授のビジネスプログラムを、日本で展開する権利を得て、コトラー教授のシカゴのご自宅までご招待頂きました。

　玄関までお出迎えくださったコトラー教授は、当時御年91歳。

「SHINJI、よく来たね。君と話したいことがあるんだ」

　挨拶もそこそこに、コトラー教授は切り出されました。

「SHINJI、君はマーケティングとは何だと思う？」

　憧れの神様から試されていると感じた私は、即座に答えました。

「マーケティグとは愛です」

　するとコトラー教授は、満面の笑みで力強くお答えになりました。

「Exactly!!　（まさにその通り）」

　コトラー教授の今の最大の関心事は、「Social Marketing（ソーシャルマーケティング）」。**マーケティングの力で世界を変える**ことです。

　その究極の目的は、「**Peace（世界平和)**」とのことでした。

　私は、ますますマーケティングが大好きになりました。

　コトラー教授が、これまでのマーケティングの歴史を「マーケティング1.0から5.0」としてまとめているので、確認していきましょう。

（1）マーケティング 1.0

1900年から1960年の「需要が供給を上回っていた時代」は、つくれば売れる「**商品中心・売り手主導**」のマーケティングでした。

（2）マーケティング 2.0

1970年代の「多くの商品が出回った時代」は、コモディティ化が進んだ「**顧客中心・買い手主導**」のマーケティングでした。

（3）マーケティング 3.0

1990年から2000年頃の「インターネットの時代」は、モノからコトへ「**社会的価値主導**」のマーケティングでした。

（4）マーケティング 4.0

2010年以降の「オンラインオフラインの融合が進んだ時代」は、顧客とのつながりや継続性（エンゲージメント）が重視される「**自己実現・精神的価値主導**」のマーケティングでした。

（5）マーケティング 5.0

現在の「テクノロジー進化と格差の時代」は、「**テクノロジーと人間による顧客体験価値主導**」のマーケティングです。

私は、**マーケティング3.0以降は全て「価値主導」としてまとめた**ほうがわかりやすいと考えています。

3. 最も重要なSTP分析をおさらいする

　マーケティングで最も重要な考え方は、コトラー教授が提唱した
「STP分析」です。STP分析さえしっかりと行なっておけば、困ることは何もありません。
　ここで、STP分析について説明しておきましょう。

(1) セグメンテーション

　セグメンテーションとは、顧客（市場）を細分化することによって、**顧客（市場）の構造や状況、特徴をしっかりと把握すること**です。
　細分化するための評価軸には、B2Cでは、地域、年齢、趣味嗜好、過去の行動データなど、一方B2Bでは、地域、業種や業態、売上規模、業歴など、様々なものが考えられます。
　漠然と「顧客（市場）」を捉えていては、勝つために有効な戦略が浮かんでくることはありません。
「顧客（市場）」を、「細かく分けて考える」ことが重要です。

(2) ターゲティング

　ターゲティングとは、セグメンテーションによって細分化された「顧客（市場）」の中から、**自社がターゲットにする「顧客（市場）」を選ぶプロセスのこと**です。
　様々な特徴を持つ「顧客（市場）」が存在する中、「顧客（市場）」全てをターゲットと捉えることは、一見、対象を増やすことのように見えますが、自社が勝負するべき「戦える土俵」が不透明となり、結果としてどの顧客にも刺さらない、負け戦となってしまうのです。

(3) ポジショニング

　ポジショニングとは、ターゲティングによって明確化された自社が

狙うべき「顧客（市場）」に対して、**自社独自のポジションを築き、自社の商品・サービスが、「他社とは違い独自性がある」**と認識してもらうための活動です。

「顧客（市場）」に、自社商品・サービスの「ユニークな価値」を認めてもらうことで、競合商品・サービスに対して「優位性を築く」ことが目的です。

「STP分析」の中でも、私は特にこの「**ポジショニング**」が**1番大事**だと考えています。

　競合比較のために、顧客の「商品・サービスの購買決定要因」の中から2つを選び、それを縦軸、横軸にした4象限の「ポジショニングマップ」をつくってみましょう。

「自分の土俵」に引きずり込むための、「独自の軸」の選び方については、次の3つのポイントに注意しましょう。

- 顧客が重視する「商品・サービス選択要因」に沿っていること
- 自社の「独自性・優位性」を明確に活かせること
- これまでにない「新たな発想」で捉えること

「ポジショニングマップ」を作成することで、自社の魅力を再発見するチャンスにもなります。

「ポジショニングを制する者はマーケティングを制す」

　この言葉をしっかりと心に刻んでください。

10-2

「ブランド」とは何か

　ブランドとは、消費者が企業や商品・サービス、店舗、広告などと接触する時に、「**特定の名前、ロゴ、シンボルマーク**」などと共に心の中で想起する「**イメージ（知識・経験・感情・行動など）**」の集合体のことです。

　ブランドによって、商品・サービスに「**買う意味**」や「**存在する意味**」が付加されたりするのですが、それはあくまでも「**消費者の心の中**」に存在するものであり、人により創られるものですから、「**知覚**」や「**思い込み**」で形成されます。

　ブランドとは、「**確固たる何か**」ではなく、「**ふわっとしたもの**」なのです。

「**人により創られる**」という特徴を持つブランドにとって、1番大切なものは、「**共感性**」と「**一貫性**」です。
　今の時代感覚に合った、人々が支持できる「**共感性**」を持たせることは、ブランドのスタート地点です。
　また、変わることなく繰り返し繰り返し、同じ価値を伝え続ける「**一貫性**」は、変化の早いこの時代に、人々に記憶され残っていくための重要な武器となります。

　ブランドは「**物語**」です。
「自社の物語」「自社商品・サービスの物語」を、自分主体で語ってみてください。

10-3

「実戦マーケティング」の7つの考え方

「新規事業開発」や「スタートアップ企業」において、マーケティングで1番大切なことは、実戦で使えるか否かです。

アカデミックな「マーケティング」ではなく、「実戦マーケティング」の哲学ともいうべき「7つの考え方」について、学んでいきましょう。

1. お金をかけずに知恵を絞る

大企業の「新規事業開発」のサポートをしていると、そのコストに関する意識の低さに驚かされることが多いです。

会社で使うお金（コスト）は全て「自分のお金」を使うのだと思って、その可否を判断するクセをつけていく必要があります。

まさに**「お金をかけずに知恵を絞る」**わけです。

いかにして最小の投資コストで、最大の効果をあげられるか、徹底的に考えるクセをつけましょう。

自分はマーケティングの専門ではないからと、逃げている人も多いです。お金をかけないで進めるには、まずは知識を得るため調べることです。

自分が顧客だったらどうするのか？
何をされると嬉しいのか？
何が購入のキードライバーになるのか？

しっかりと想像の翼を羽ばたかせましょう。

マーケティングで顧客を掴む───

第10章

2. 「顧客」の「潜在的ニーズ」を見極める

自社商品・サービスの「顧客」は誰でしょうか？

ここまで、様々な角度から「顧客」についてアプローチをしてきたので、皆さんの中にイメージはできつつあるのではないでしょうか？

しかし、「新規事業開発」における「顧客」は本当に厄介です。

まだ世の中にない商品・サービスですから、経営者や経営チームにとっても想像するには限界がありますし、**「顧客」自身も本当に自分はその商品・サービスが欲しいのか、また何をポイントに購入を決めるのかがはっきりしていないケースがほとんどです。**

新しい商品・サービスについては「顧客調査」が極めて難しく、顧客の「潜在的ニーズ」を捉えるには、できるだけ具体的な商品・サービスをぶつけるしか方法はありません。

具体的な商品・サービスについての顧客の反応や行動を、結果で評価するいわゆる**「ABテスト」を繰り返す**しかないのです。

今はAIの活用で、この「ABテスト」を信じられないスピードで繰り返すことができる技術が生まれています。

「仮説」を持って選択肢を考え、その選択肢ごとの顧客の反応、行動を分析することで、顧客の「潜在的ニーズ」を類推していきましょう。

次に、「顧客」とは誰でしょうか？

1番最初に商品・サービスを買ってくれる人だけを「顧客」だと勘違いしないようにしましょう。

1番最初に買ってくれる顧客がいて、どんどんマーケットシェアを拡大する原動力になる「次の顧客」が現れてきます。

242

こういった商品・サービスの普及の流れを説明するものとして、「イノベーター理論」があり、「5つのタイプの顧客」に分類しています。

それでは簡単に押さえておきましょう。

（1）イノベーター（革新者）⇨ 市場の約2.5%

商品・サービスを最初に購入してくれる人のことです。

流行に敏感で、まだ世の中に普及していない商品・サービスでも、面白いと感じればすぐに購入します。

商品・サービスの機能面やメリットを評価しないでも購入する傾向があります。

（2）アーリーアダプター（初期採用者）⇨ 市場の約13.5%

イノベーターの次に、商品・サービスを購入してくれる人のことです。

流行に敏感で、新しいものが好きな傾向がありますが、商品・サービスの機能面やメリットをしっかりと検討してから購入する傾向があります。

（3）アーリーマジョリティ（前期追随者）⇨ 市場の約34%

アーリーアダプターに影響を受ける人のことです。

流行は気になるものの、購入に至るまでにはしっかりと情報収集をして検討をしたい、と考える傾向があります。

（4）レイトマジョリティ（後期追随者）⇨ 市場の約34%

商品・サービスが販売されても、すぐには購入しない人のことです。

（5）ラガード（遅滞者）⇨ 市場の約16％

　保守的な価値観を持っていて、社会にしっかりと浸透しない限りは商品・サービスの購入はしない人のことです。

　さて、この「5つのタイプの顧客」に対して、具体的にどうアプローチしていけばいいのでしょうか？

　商品・サービスの普及においては、「イノベーター」「アーリーアダプター」を合わせた「初期市場」（約16％）と、「アーリーマジョリティ」「レイトマジョリティ」と「ラガード」を合わせた「メインストリーム市場」（約84％）があるといわれてます。
　また、「初期市場」（約16％）と「メインストリーム市場」（約84％）の間には、市場を隔てる大きな溝（キャズム）があるといわれています。

　これを、「キャズム理論」といいます。
　市場の16％の部分に存在している溝（キャズム）の乗り越え方を考えることは、戦略的に極めて重要です。

「初期市場」の顧客が求めるものは「新しさ」です。
「メインストリーム市場」の顧客が求めるものは「安心感」です。

　この違いを意識して、キャズムを乗り越える「3つの戦略」について学んでいきましょう。

①「独自性」を尖らせる

「初期市場」における「アーリーアダプター」は、「インフルエンサー」と呼ばれる人たちと重なる部分が多いです。
「メインストリーム市場」における「アーリーマジョリティ」は、こ

244

の「アーリーアダプター」の影響を大きく受けます。

　つまり、「アーリーアダプター」をしっかりと獲得することがキャズムを乗り越え、ボリュームゾーンである「メインストリーム市場」への架け橋になるのです。

「アーリーアダプター」は、流行に敏感で、新しいものが好きです。

　商品・サービスの機能面やメリットをしっかりと検討してから購入する人です。

　商品・サービスの基本的な機能やメリットを整えることは当然のことなので、やはり意識すべきは「尖らせる（エッジを立てる）」ということでしょう。

万人受けする当たり前の商品・サービスではなく、お洒落で、尖っていて、熱烈なファンがつきそうな、そんな商品・サービスからまずは発想してみましょう。

②「ユーザビリティ」を重視する

「メインストリーム市場」が求める「安心感」の達成のために、最も効果的なのは「ユーザビリティ」の向上です。

　人は自分が簡単に使うことができるものには、安心感を持つのです。

　徹底して「ユーザビリティ」を向上させましょう。

③「具体的かつ数字が入った実績」と「購入リスクの軽減策」を示す

　加えて、失敗することを恐れる「メインストリーム市場」の顧客を巻き込むためには、購入が「賢い選択である」と納得させ、「購入しても失敗しないこと」を示す必要があります。

「具体的数字のある実績」と「購入リスクの軽減策」を示すのです。

　懐疑的な「メインストリーム市場」の顧客は、次のようなアピール

を信用しません。

- 大企業でも採用されています
- SNSで大人気
- 私は熱烈にこの商品をお勧めします

必ず「**具体的かつ数字が入った実績**」を入れましょう。

- 大企業50社ですでに採用！ 満足度92%
- SNS層フォロワー数1万人！
- この商品で毎月の薬代が約半分に！

また、「購入リスクの軽減策」としては、「無料体験会の実施」「無料お試し期間の設定」「解約無料」など、「**購入しても失敗しないこと**」を伝えていくことも重要です。

3.「優良顧客（ロイヤルカスタマー）」を「依怙晶屓」

「パレートの法則」は、顧客全体の20％の優良顧客（ロイヤルカスタマー）が、売上の80％を占めているという法則です。

つまり、全ての顧客を平等に扱うのではなく、20％の優良顧客を差別化し依怙晶屓することで、80％の売上が維持できる「非常に費用対効果の高い戦略」になるということです。

これは、「ロイヤルカスタマープログラム」といわれたりもします。

最近は、「カスハラ（カスタマーハラスメント）」が注目されるなど、必ずしも「お客さまは神様」ではなく、いい顧客と悪い顧客が存在することも認知されるようになってきました。

大企業が既存事業で展開する場合は、全ての顧客を平等に扱わないとクレーム発生などのリスクがありますが、「新規事業開発」や「スタートアップ企業」の場合は、そもそもお金がないこともあり、「**顧客を自ら選択すること**」も許容されます。

自社の「優良顧客」は誰なのか、明確に定義してみてください。「高単価の顧客」「長く継続する顧客」「紹介数が多い顧客」など、色々な定義が可能です。

「**依怙晶屓**」も工夫しましょう。「特別イベント」「特別割引」「特別会員権」「特別ポイント」など、魅力的なサービスを付加しましょう。

優良顧客に対して、企業視点で「囲い込み」という言葉がよく使われますが、**優良顧客からすると「囲い込み」されたという意識は全くない**ので、「依怙晶屓」する、「特別扱い」するという表現のほうが正しいかも知れません。

4.「ライフタイムバリュー（LTV）」を追求する

「顧客生涯価値」のことをライフタイムバリュー（LTV）といいます。

　ある顧客が、自社の商品・サービスを利用し始めてから終了するまでに、どれだけの利益を自社にもたらしたのかを表す指標のことです。

　人間の一生になぞらえて、「揺り籠から墓場まで」という表現もありますが、顧客とは長く付き合っていきましょうという考え方です。

「既存顧客」と「新規顧客」を比較する法則として、「1：5の法則」「5：25の法則」があります。

「1：5の法則」とは、「新規顧客」への販売コストは、「既存顧客」への販売コストの5倍かかるという法則です。

　また、「5：25の法則」とは、「顧客離脱」を5％改善すれば、利益が25％改善されるという法則です。

　どちらも、そのままの数字に大した根拠はありませんが、体感値としては「当たらずといえども遠からず」な印象です。

　企業にとっては、「既存顧客」をしっかりとフォローし、満足度を高めることで「顧客離脱」を防ぎ、新たな商品・サービスを購入してもらうことが最も効率的であるのは間違いありません。

「ライフタイムバリュー」の最大化が目指すべき姿です。

「既存顧客」にとっても、新たな購入先から購入する時の様々な手間や労力を考えると、浮気をせずに取引を継続したほうが得なことが多いのです。

「新規顧客」の獲得が難しくなってきている今、「ライフタイムバリュー（顧客生涯価値）」最大化のため、丁寧に顧客に寄り添うことが重要です。

5.「シェアオブウォレット」を獲得する

「顧客の財布内占有度」のことを、「シェアオブウォレット」「ウォレットシェア」といいます。これは、**ある顧客の支出金額のうち、特定の企業やブランドへの支出の割合のこと**を指します。

顧客の、特定の企業やブランドに対する「ロイヤルティ」を測るためにも使えます。

「優良顧客」を定義したら、「依怙晶屓（えこひいき）」をする仕組みをつくることで「顧客離脱」を防ぎ、「ライフタイムバリュー」の最大化を目指して「シェアオブウォレット」を高めていく施策をとることが重要です。

「シェアオブウォレット」を高めるために、2つの行動をとりましょう。

(1)「アップセル」「クロスセル」を誘発する

顧客が追加で購入したいと思う**「アップセル（上位の商品・サービスの購入）」「クロスセル（関連する別商品・サービスの購入）」を誘発するような商品を追加**していきましょう。

(2)「顧客マインドシェア」を刺激する

「顧客マインドシェア」とは、「顧客の気持ち内占有度」のことです。「顧客マインドシェア」を刺激することで、「自社」及び「自社商品・サービス」へのロイヤルティを、さらに高めていきましょう。

「顧客」と「自社」及び「自社商品・サービス」との共通の「思い出」や「物語」を紡いでいくこと、「顧客」が特別であることを伝え続けることが極めて有効な手段です。

249

6. 新たな「カスタマージャーニー」を構築する

「カスタマージャーニー」とは、顧客が商品・サービスを購入し、利用、継続、再購入するまでの道のりのことです。

それぞれのプロセスごとに生じる「顧客」の行動や意識を詳細に観察、言語化することで、「顧客」の感情や困り事、解決できていない課題を確認することができます。

それを受けて、「顧客対応」を改善したり、「ビジネスモデル」を改良したりするために使われます。

「カスタマージャーニー」活用のメリットとしては、まず第一に**経営者も社員も「顧客視点」が身に付くこと**です。

全て「顧客視点」でのプロセス分解を繰り返していくので、感覚値としての「顧客視点」が身体に染み渡るのです。

次に、**商品開発、広告、営業など様々な関係者の間で、「共通認識」を持つことができるというメリット**があります。

プロセスごとに整理し、言語化していることで、議論、相談、判断がしやすくなります。

プロセスごとに「KPI（重要業績評価指標）」を設定し、評価していくことも容易にできるようになります。

今は、「カスタマージャーニー」通りに行動しない顧客も増えているので、柔軟に現実に合わせた対応が必要です。

「興味」⇨「納得」⇨「共感」⇨「満足」⇨「推奨」

私は、このステップこそが、「新しいカスタマージャーニー」だと考えています。

それぞれのプロセスをしっかりと観察、分析していきましょう。

7. 口コミを科学する

「実戦マーケティング」の7つの考え方の最後は、「口コミ」です。
「口コミ」が重要なことは理解している方が多いと思いますが、科学的に分解して理解している方は少ないと思います。

「口コミ」という言葉自体は、1960年代初頭から存在していました。
　今のようにネットやスマホが普及していない時代は、情報格差が大きく、**マスメディア⇨オピニオンリーダー⇨一般消費者**という一方向への流れだったのが、今では誰もが、消費者同士で評価情報を交換し合う時代となりました。

　もちろん、いまだにマスメディアやオピニオンリーダー（インフルエンサー）の影響力はあるものの、これだけ消費者間でそれぞれの感想や評価が共有されると、なかなか「口コミ」のコントロールは難しくなっています。
　そこで、「口コミ」の特徴を理解して、少しでも「口コミ」を優位に活用していくための術を手にすることが重要になります。

「口コミ」は、「自分が尊敬、信頼する人からの絶賛」で、しかも「3度以上接触した時」から爆発的に発生します。

　これは、私がこれまで「口コミ」について行なってきた定量・定性調査で出た結果から導き出した結論です。

　ターゲット顧客が尊敬、信頼する人が絶賛するような状況をつくり出す工夫、「口コミ」を発生させたい内容について、ターゲット顧客が3度以上目にする広報・広告展開などの仕掛けが重要なのです。

マーケティングで顧客を掴む ——

第10章

10-4

「実戦マーケティング」の
5つの戦い方

「実戦マーケティング」の7つの考え方を頭に入れたら、次は、「実戦マーケティング」の5つの戦い方を身に付けましょう。

これで、「新規事業開発」における「マーケティング」は完成します。

1. シンプルな会社名・サービス名で戦う

「新規事業開発」においては、**会社名・サービス名が「成功の重要なカギ」**を握っています。

会社名・サービス名に、一般的ではない外国語や造語を使う人がいます。

バンド名など趣味で使う分にはいいのですが、「新規事業開発」の会社名・サービス名としては不向きです。

マーケティグコストを最小化して、最大の効果を上げるための鉄則は、3つです。

- 会社名とサービス名を同じにすること
- シンプルで誰もが知っている言葉を使うこと
- どんな会社か、どんなサービスかがすぐにわかる名前にすること

消費者が覚えやすく話題にしやすいこと、関連商品・サービスをネットで検索する場合に、検索上位に表示されやすいことが、ネーミングにおいて1番重視すべきポイントです。

252

2. わかりやすいHP・LPで戦う

会社名・サービス名と同じく、HP（ホームページ）やLP（ランディングページ）も、とにかく、シンプルにわかりやすくしてください。

**パッと見て一瞬で、どんな会社か、どんなサービスかがわかること
が何よりも大切な要素**です。

商品・サービスの購入ページまで、いかにダイレクトに、顧客に、
「選択する」というストレスを与えることなく誘導できるかを意識しましょう。

「ジャムの法則」はご存じですか？

選択肢が多すぎると逆に1つのものを選べなくなるという心理についての法則で、「決定回避の法則」ともいいます。

ジャムの試食コーナーを24種類のジャムが置いてある方と、6種類のジャムが置いてある方の2種類に分けて、顧客行動を分析した実験です。

24種類のコーナーの方に、人は多く集まりましたが、その購入率は3％。

一方、6種類のコーナーの購入率は30％。何と10倍もの差が生まれたのです。

人は選択するのに脳を使うため、疲れてしまうのです。

選択肢が多いと、選択できなくなるだけではなく、そもそも選択すること自体をやめてしまう場合もあります。

私たちはHPやLPにあれもこれも入れたくなり、ついつい、情報過多になりがちです。

顧客にストレスを与えないように、余白をうまく使ったレイアウトで、ゆったりと余裕を持ったつくりにすることが重要です。

3. FFMBモデルに縛られずに戦う

「FFMBモデル」という言葉を聞いたことはありますか？
　顧客に対して、無料体験から始め、徐々に価格を上げた購買体験の
ステップを踏ませて、最後に本当に売りたい商品を販売する方法で
す。

- F（FREE END）・・・・・・ 無料面談や無料動画、プレゼントなどの利
用体験
- F（FRONT END）・・・・・ 低単価で顧客のハードルの低いものの購買
体験
- M（MIDDLE END）・・・ 中価格帯で本当に売りたいものの1つ前の
購買体験
- B（BACK END）・・・・・・ 高額な最上位モデル、利益率高い商品の販売

　心理テクニックの「**フットインザドア**」と同じような考え方です。
　フットインザドアは、最初に相手に小さな要求をのませ、徐々に要
求を大きくしていくことで、目的となる要求を承諾させる心理テク
ニックです。
　いまだにこのステップを勧めてくる広告代理店などもありますが、
惑わされないでください。古いモデルです。

**「無料体験」が当たり前のこの時代、別に無料でも自分に必要のない
ものは顧客は全くいらない**のです。
　高額な商品・サービスの購入の前には、やはり試してみたいもので
すが、そのステップが長いと「**タイパ（タイムパフォーマンス・時間
対効果）**」を重視する今の顧客は離脱していくだけなのです。

「興味・納得・共感・満足・推奨」の新たなカスタマージャーニーを、
ここでも再度思い出しましょう。

4. バズる7つの法則を組み込んでSNSで戦う

　どんな商品・サービスの展開でも、SNSをうまく活用することは必須になっています。SNSの上手な活用法については、「やり方」ですから日々トレンドが変化していく宿命にあります。

　私は自分自身でFacebookもInstagramもX（旧Twitter）もTikTokも運用しますし、多くの企業のSNS運用を支援してきました。
　その中で、マーケティング的な法則について観察した結果、**7つの「バズる（注目される）」ポイント**があるように感じています。

①顧客の心理的安全性を担保した「安心・安全」
②顧客に具体的なベネフィットがある「お得感」
③顧客が自信を持てる「自己肯定感」
④顧客が感動できる「愛・つながり」
⑤顧客が痛快な気分になる「冒険」
⑥顧客がリラックスできる「緩和」
⑦顧客が誰かに伝えたくなる「新規性・特異性」

　また、発信するだけでなく、「**3M**」といわれるSNSの使い方も「新規事業開発」には意味があるので、自社の商品・サービスにとってどう使うのがベストかを考えていきましょう。

3M		
観察する	交流する	測定する
Monitoring	Mingle	Measuring

5. 効果的な広告評価で戦う

　広告を始める時は熱心ですが、広告評価をしっかりとできていない企業が、非常に多いと感じています。
　PDCA（Plan⇨Do⇨Check⇨Action）をしっかりと回しながら、最適な広告展開方法を見つけていきましょう。

　少しマーケティングをかじると、ついつい自分の考え方が正しいように感じてしまいますが、マーケティングにおいては結果が全てです。
　結果が出るものが顧客の選択であり、正しい手法です。

　必ずABテスト（複数のものを試し、結果を見て分析する手法）を繰り返すようにしてください。
　比較したい項目以外の条件を同じにして、複数パターンの広告やLP（ランディングページ）の流入率や成約率などを測定しましょう。
　結果が出るものを常に選択していくことを繰り返す中で、自社の商品・サービスにとってのベストな広告展開方法が見えてきます。

　特に、顧客を誘うLP（ランディングページ）の分析は重要です。
　キャッチコピーをどうするか、どの写真がいいか、メインメッセージは？
　仮説を立てて、ABテストで比較検証し、顧客の反応が1番いいものを選んでいきましょう。

　効果的な広告を行なうために、「**Google**アナリティクス」や、「ヒートマップツール」など、顧客のページ遷移や離脱状況、各ボタンのクリック率などの詳細分析ツールを使うのもいいでしょう。
　それぞれの特徴を調べて試しながら、自社の最適な広告評価手法を確立してください。

New Business Development

第 11 章

営業・業務提携で事業を加速する

営業・業務提携には
成功の秘訣がある！

- -

「新規事業開発」が失敗する大きな原因の一つは、営業力不足です。
せっかくいい商品・サービスを持っていても顧客に届かなければ
意味がありません。「勝てる営業」について、5つの鉄則、5つの
ステップにまとめました。また、「弱者の戦略」として、いかに大
企業やブランド力、技術力のある企業と提携できるのかは、新規
事業の生死に関わる問題です。「業務提携・コラボレーション」を
手に入れるコツについても具体的にまとめているので、すぐに実
践してください。

「営業・業務提携」は相手先へのラブコール

「営業・業務提携」は経営者の重要な仕事です。
　でも、なぜか苦手意識を持ってしまっている人もいます。

「私は、コミュニケーション能力が低いから」
「うちの商品は、売り込みしなくても最高だから」

　などといって、決して逃げていてはダメです。
「営業・業務提携」は、相手先に対してのラブコールです。
　言葉巧みなことがいいわけではなく、「本気度」やいかに相手のことを考えているか、いかに自社が自社の商品・サービスが相手にとっていいものなのか、1番それを理解し体現している経営者こそが、積極的に携わるべきなのです。

「営業・業務提携」のポイントは、相手先（顧客）への配慮です。
　自社と組めば、自社の商品・サービスを使えば、どんなベネフィットがあるのか、どんな得をするのか、どんな未来が待っているのか、それを説明するということです。

　自社の独自性を徹底的に磨くことで生まれる「自社が1番」というすごみ、確信が、迫力を生み、相手先（顧客）に伝わるのです。

　さあ、自信を持って、「営業・業務提携」を行なってください。

11-2

「勝てる営業」の5つの鉄則

1. 本当に売るものは何か見極める

あなたの会社は本当は何を売っているのでしょうか？
目の前にある商品・サービスに目を奪われてはいけません。
顧客が本当に求めているベネフィットは何なのか？
再度問いかけましょう。

ドリルを買う人はドリルが欲しいのでしょうか？
違います。求めているのは穴が空いた状態にできること。
穴が空いた状態で叶う未来が欲しいのです。

化粧品を買う人は化粧品が欲しいのでしょうか？
違います。叶えたいのは綺麗になった自分。
新しい運命を切り開く、自信がある自分かも知れません。

ワインを買う人はワインが欲しいのでしょうか？
ワインそのままを味わいたい人もいます。
ワインを中心に集まる家族や仲間、その瞬間が欲しい人もいます。
ワインと料理、ワインとチーズ、ワインと音楽。
その空間を味わいたい人もいるでしょう。

あなたが売っているものは何ですか？
顧客は何を求めているのでしょうか。

しっかりと問い直していきましょう。

2. 1番欲しい人に売る

どんなにいい商品・サービスでも、1番欲しいタイミングでないと、買う気にならないこともあるでしょう。

顧客の置かれた状態・タイミングをどう捉えるかは、商品・サービスを売るためには1番大切な要素です。

アフリカで靴を売る男のたとえ話は、とても有名です。

ある靴メーカーの営業の男が、当時誰も靴を履いていなかったアフリカに視察に来て、「**需要が全くない**」と本社に報告しました。

一方、別の競合メーカーの営業の男は、誰も靴を履いていないのを見て、「**マーケットは無限大にある、今がチャンスだ**」と本社に報告しました。

勝てるのはどちらの会社でしょうか、答えは明白です。

水が1番売れるのはいつ、どこででしょうか?

険しい山を登り切った頂上?
砂漠の中のオアシス?
部活後の学校付近?
サウナの横?

顧客が自社の商品・サービスを本当に欲しい瞬間はいつか、どんな場所なのか、シチュエーションを想像してみましょう。

そのシチュエーションには、どんな顧客がいるでしょうか。

どうアプローチをすれば買ってもらえるのか、作戦を練りましょう。

1番欲しい人を探して、1番欲しい人に売る。

シンプルですが、1番効果的な営業手法です。

3. 顧客のまとまり・塊を探す

　顧客に商品・サービスを売る場合、一人ひとりに売っていくより、10人、100人にまとめて売る方が効率がいいのは自明かと思います。

　一人ひとりの顧客にアプローチをして獲得していく「B2C」事業の顧客獲得コストが急激に上がったために、世界中の投資家が、「B2C」事業のスタートアップ企業に投資をするハードルを上げました。「B2B」事業のほうが顧客獲得効率が良く、成功確率が高いと考えたのです。

　あなたの事業が「B2C」の事業でも、どうやって顧客のまとまり・塊をつくるのか、探すのか。「B2B2C」事業のようにすることはできないのか、考える必要があります。

　筋肉をつけてボディメイクをしたい人に向けて、プロテインバーを販売する「B2C」事業を「B2B2C」事業にするにはどう考えればいいでしょうか。

　ボディメイクをする人のジムに営業をかけるのは王道です。

　怪我人、病人へのアプローチで、病院やリハビリ施設も対象です。

　また、介護施設や高齢者マンションも可能性があります。

　結婚式場で結婚式を待つ新婦に向けた展開もあり得ます。

　次に、結婚相談所という「B2C」事業を「B2B2C」事業にするにはどう考えればいいでしょうか。

　社員向け福利厚生として、大企業や福利厚生事業者への展開も可能です。

　結婚式場と組んで、新郎新婦のお友だちを狙う方法も有効です。

　このように、顧客のまとまり・塊を探すクセをつけていきましょう。

4. 顧客へのアプローチ量を増やす

　私は、保険営業世界一、車販売世界一など、様々な分野の世界一の営業マンの方と知り合いです。
　営業技術のみならずお人柄も素晴らしく、世界一になるのは当然といえる方ばかりです。

　それでは、**売れる営業マンの共通点**とは何でしょうか？
　もちろん色々と共通点はあるのですが、1番わかりやすく、皆が学べる共通点を選ぶならば、それは彼らは皆、ライバルよりも圧倒的に**「数をあたる」**ことに熱心であったことです。

　営業は、やはり百発百中はあり得ないので、まずは数をあたらないと成約には至りません。
　顧客へのアプローチ量を、圧倒的に増やすこと以外にできることはあまりないのです。

- より多くの顧客候補の塊を見つけ出し、アプローチすること
- 顧客候補それぞれの方との接触、接点をできる限り増やすこと

　この2つを、恐れずに徹底的にやりましょう。
　必ず道は開けます。

　次に成約率の上げ方について学びましょう。

　営業の結果を良くするには、**「アプローチ数の最大化」**と**「成約率の向上」**を達成していくしか道はありません。

5. 顧客を幸せにする圧倒的な自信を持つ

　顧客は、なぜ商品・サービスを買う決断をするのでしょうか?

　もちろん、商品・サービスがいいからに決まっています。

　しかし、全く同じスペックの商品・サービスであっても、その売れ行きは営業マンによって大きく変わります。

　営業マンの見た目、人柄、アプローチ方法など要因は色々ありますが、やはり1番大きな成約率の差は、**営業マンが自社の商品・サービスに「自信」を持っているか否か**によって生まれます。

　商品・サービスが本当にいいものなのかは、最終的には使ってみないとわかりません。

　そんな中、自社の商品・サービスにあまり自信を持てていない営業パーソンと、絶対に自社の商品・サービスが1番と圧倒的な自信を持っている営業パーソン、どちらから買うでしょうか?

　後者に決まっていますよね。

　ただし、圧倒的な自信は「自分」に対してではなく、「自社の商品・サービス」についてであり、ひいては**その商品・サービスが顧客にとって最も素晴らしく、顧客を確実に幸せにできるという自信**でなくてはなりません。

　まずは自社の商品・サービスを徹底的に理解してください。

　他社と比べて何が特徴でどこが素晴らしいのか、顧客をどう幸せにするのか、それは他社よりも結果が出るものなのか。

　自社商品への圧倒的な信頼と愛情を保つために、徹底的に顧客のベネフィットと向き合い独自性を磨き上げていくのです。

　それが、成約率を上げる極めて重要なカギとなります。

営業・業務提携で事業を加速する

第**11**章

263

「勝てる営業」の5つのステップ

　勝てる営業の5つの鉄則を理解したら、具体的にやるべきことを5つのステップで学んでいきましょう。
　「B2C」事業でも「B2B2C」事業と同様にアプローチできることは学んだので、「B2C」事業でも「B2B2C」事業でも全く同じステップで展開していくことが可能です。

1.「営業情報」を集める

　自社の「新規事業」や「顧客ベネフィット」のテーマについてアンテナを張ると、自然と色々な情報が入ってくるようになります。

　ニュース（TV、新聞、雑誌、ネット）、CM、広告。
　アンテナを張って観察すると、情報が溢れています。
　海外の情報も集めましょう。

　アメリカでは？
　欧州では？

　同じテーマの事業、同じベネフィットの商品・サービスは必ずあります。

　自社の業界、テーマを俯瞰することができる人は誰ですか？
　プロの視座、視点には「値千金の発見」があります。
　すぐに話を聞きに行きましょう。
　その気になれば、「営業情報」は必ず集められるものなのです。

2.「営業リスト」をつくる

「営業リスト」のつくり方がわからないという方がいます。

難しく考える必要はありません。

　世の中にある情報を基に、自社の商品・サービスを売り込んでいきたい企業や団体をピックアップして、業界の上位企業、あるいは組みたいと思う企業から順に「営業リスト」をつくっていけばいいのです。

　ほとんどの情報は、ネットやChatGPTから検索、収集できます。

　上場企業の情報は会社四季報にあります。

　上場間もない企業などは、投資意欲もあり狙い目です。

　業界ごとに、売上ランキングや実力ランキングなどが、色々な媒体で特集されています。

　業歴の長い会社、地域のリーディングカンパニー、歴史と伝統のある老舗企業なども調べれば、一気に見つけることができます。

　広告投下量ランキングなども、たまに特集されていますし、TV広告、交通広告、新聞広告、ネット広告、SNS広告などを見ていると、今どんな業界のどんな企業が広告を増やしているのかがわかります。

　アンテナを張り、観察してください。

　情報はその気になれば、いつでも集められるのです。

「営業リスト」にするには、その企業・団体の正式名称、本社住所、電話番号、公開されているメールアドレス、担当部署などをまとめましょう。担当部署がわからなければ社長宛で充分です。

　相手にとって最高の提案をするのですから、遠慮は不要です。

3.「顧客候補へのアプローチ手法」を固める

「顧客候補へのアプローチ手法」ですが、まずは自社のメンバー全員で、アプローチしたい企業に知り合いはいないかを、徹底的に探してください。

　意外にその企業で勤めている方の知り合いはいるものです。

　アプローチしたい部署の知り合いを紹介してもらいましょう。

　もちろん、社長の知り合い、役員の知り合い、部課長クラスの知り合いと、できるだけ上から攻めるのです。

　知り合いが見つからなくても、代表電話、HPの連絡先、本社住所がわかれば、アプローチはできます。

　続いて「営業リスト」についても同じく、必ず自社が1番狙いたい企業や団体の上位から順番にアプローチしてください。

　特につながりがないなら、社長向けアプローチが1番有効です。

「シャンパンタワー方式」でまずはトップから攻めましょう。

　自社にとって効果が高そうな「営業リスト」をつくり、電話、郵送、ダイレクトメールなど非対面で営業活動を行なっていくことを「**インサイドセールス**」といいます。

　自社の商品・サービスを1番喜んでくれる企業はどこか、1番効果の違いを提供できる企業はどこか、という観点で精査していくと、この「インサイドセールス」の効果、成約率は格段に上昇します。

　自社のノウハウや技術を少しだけ提供し、違いを知ってもらうための、無料セミナーや無料動画、個別相談会の実施なども有効です。

　その場合は、社長、役員、部課長などの意思決定権者の方を集めるようにしましょう。

スピード感を持って「数をあたる」ことを重視して動きましょう。

266

4.「営業提案書」をつくる

「営業提案書」をしっかりとつくり込んでいるでしょうか？

　私が経営参謀として企業のサポートをする場合、まずこの「営業提案書」の修正をするケースが多いです。

　社長は売れるけど他の人はさっぱり。

　営業マンの中でも売れる人と売れない人の差が非常に大きい。

　営業あるあるですが、それは「営業提案書」を軽視していることで生じているケースがほとんどです。

　社長や１番売れる営業マンが説明しているそのままの内容が「営業提案書」に落とし込まれていないのです。

　一応、「営業提案書」は使うけれど、端折ったり飛ばしたり。

　説明する順番も違えば、参考資料の内容も違う。

　説明する時に使う「キーワード」や「キラーワード」も統一されていない。

　これでは、営業成約率に差が出ても仕方がありません。

　「営業提案書」とは、そのままの言葉で、そのままの順番で、他の資料を使わず同じように説明すれば、１番成約率が上がるべきものなのです。

「営業提案書」は極めて重要です。

　まずは、基本的な「営業提案書」で顧客の関心を惹き、個別相談をしてみたいと思って頂くこと。

　これが大事なのです。

　最初のアポイントで、「営業提案書」を説明するだけで、顧客の課

題や問題意識、お困り事をお聞きして、次回面談時にそのお困り事を解消する「個別提案書」を作成して持っていけるようにしましょう。

　では、具体的に「営業提案書」はどのようにつくればいいのでしょうか。

　5つのポイントを押さえて実際に作成していきましょう。

（1）ページ数は 10 ページ程度で

　ダラダラと長い「営業提案書」を見ることが非常に多いです。顧客は聞いているうちに飽きてしまい、聞く気を失っていきます。

　営業提案は顧客との心のキャッチボールです。

「営業提案書」を基に顧客と心のキャッチボールをしながら、最初の説明は必ず10分程度で終了させてください。

「営業提案書」のページ数は10ページ程度で充分です。

（2）ワンスライド・ワンメッセージ方式で

　顧客は、説明を受けている「営業提案書」の中で、少しでも理解ができない部分、納得ができない部分があると、そこで思考はストップしてしまい、次のページに意識はいきません。

　感情、感性で理解する右脳型の人でも、論理的でない説明には何となく違和感を抱いてしまうものです。

「営業提案書」は論理的に左脳型の人にも納得してもらえるようにまとめるべきです。

　その上で、**右脳型の人も興味関心を持つような、エモーショナルな要素をどう組み込んでいくのかを考える作業**なのです。

短時間で論理的かつ感覚的に顧客が理解できる、シンプルでわかりやすい「営業提案書」にするためには、必ず**「ワンスライド・ワンメッセージ」方式**にしてください。

　1ページごとに、1番いいたい内容をキーメッセージとして1番上に書くことで、顧客はこちらの意図を理解するのが容易になるのです。

(3) 内容はシンプルな紙芝居で

「営業提案書」を「ワンスライド・ワンメッセージ」方式でまとめる時の成功のカギとして、紙芝居のように読めるテクニックを使います。

　ページごとにタイトルとキーメッセージを、上部にシンプルにわかりやすく記載しましょう。そのキーメッセージだけを読んで、ペラペラと紙芝居のようにページを進めていってください。

　全体を通して、いいたいことは伝わりますか？
　顧客は一緒にやりたい、購入したいと思うでしょうか？

　キーメッセージの紙芝居だけで、しっかりと顧客に伝わることが「営業提案書」の肝なのです。

　第6章で説明した事業計画書と同じです。
　相手に伝えることが目的ですから。

　それでは、上部のタイトルとキーメッセージ以外の下部には何を記載すればいいのでしょうか。

　キーメッセージを、1番説得力のあるものにするような内容の図表、

営業・業務提携で事業を加速する

第11章

269

コメント、写真などをキーメッセージの補完材料として、提示してください。

この部分は、**論理的（左脳型）かつ、エモーショナル（右脳型）な表現方法、魅せ方**が求められます。

どうやったら、顧客に自社、自社の商品・サービスの魅力を伝えられるのか、どう表現すれば、顧客に1番ふさわしいパートナーは自社であると納得してもらえるのか。

このように考えているとワクワク、ニヤニヤしてきませんか？
「営業提案書」をつくる作業は、本来極めて楽しい作業なのです。

（4）全体を通して顧客の成功物語をつくる

それでは、具体的な「営業提案書」の内容を学んでいきましょう。
「営業提案書」は全体を通して、**顧客の成功物語をどのようにつくっていくのかについての説明書**です。

物語性を意識しながら、それぞれのページを心を込めてつくっていきましょう。

ページ1 表 紙

顧客企業名、日付、タイトル、自社名、自社ロゴなどを入れましょう。

期待感を煽るワクワクした表紙になるように工夫しましょう。

タイトルは、例えば【〇〇株式会社様成功物語・2025年の航海図】【〇〇株式会社様・勝利の物語最終章2025春】、などはいかがでしょうか。

クスッと笑って頂けたら儲けものです。ぜひ、皆さんのアイディア

で、素敵なタイトルをつけてみてください。印象に残らない営業提案書に価値はありません。

ページ2 顧客のお困り事の指摘

「こんなお困り事はないですか?」と、顧客が常に抱えている課題、**「お困り事あるある」**を、シンプルにわかりやすく3つか5つでまとめてください。

ここは共感できるかどうかが全てです。

「この会社ならわかってくれるかも」
「この部分にフォーカスを当てたソリューションは今までなかった」

そう思ってもらえたら勝ちです。
漏れなくダブりなく(MECE)、短い言葉でまとめましょう。

ページ3 解決方法の概要提示

指摘した**「顧客のお困り事」**の解決方法を、シンプルな言葉で、お困り事と1対1対応になるように説明してください。

解決方法もできるだけ当たり前ではない、独自性が伝わる、ユニークな内容にしましょう。

ここは知恵の絞りどころです。丁寧に時間をかけて準備しましょう。

「はいはい、当たり前だよね」
「どこかで聞いたことがある提案だなあ」

ではなく、

「その解決方法は一体、何だ?」
「どうやってやるんだ?」
「今まで提案されたことがない」

営業・業務提携で事業を加速する

第11章

271

と思わず、顧客が立ち止まってしまうような、そんな独自性のある表現にしてください。

「具体的にもっと詳しく聞きたい」という顧客の意欲をかき立てるのです。

ページ4・5 解決できる理由の説明

次に「**なぜ我々なら解決できるのか**」について、2ページを使って説明しましょう。

まずは「**チームの紹介**」です。

どんな経歴や経験を持つメンバーがいるのか、それがどんな成果につながるのか、どんな想いでやっているのか、どんな実績があるのかなど、「ワンスライド・ワンメッセージ」方式で1ページにまとめてください。

単なる経営チームの経歴紹介ではなく、「顧客の夢を一緒に叶えるパートナー」としての信頼感を抱いてもらえるように、想いを込めてつくりましょう。

「顔が見える」ように、写真などを有効に使ってもいいでしょう。

次に「**独自性**」の説明です。

他社、他の商品・サービスとの違いは何か、なぜ我々なら解決できるのか、我々でないといけないのはなぜなのか、についてシンプルにわかりやすく1ページにまとめてください。

枝葉末節ではなく、**本質的な部分での安心感、信頼感**をいかに抱いてもらえるのか、工夫の余地が大いにあります。

ページ6 解決手段の具体的内容説明

我々ならどうやって解決するのか、解決できるのか、その手法をシ

ンプルに明確に、具体的に説明しましょう。

長々と説明するのではなく、箇条書きでステップに沿ってわかりやすく示すことが重要です。

ページ7 利用後の顧客の成功物語の説明

我々の商品・サービスを使うと、顧客にとってどんなことが起き、どんな形で展開し、どのような成功につながっていくのか、わかりやすく説明しましょう。

「成功物語」が、いかに明確で、具体的で、現実的で、夢があるのか。
それによって、説得力が変わってきます。

ページ8 成功物語の航海図の提示

「成功物語」の実現のためには、今日から具体的に何をすればいいのか、ステップごとに「**やるべきこと（To Do）**」を提示しましょう。

何を、いつから、誰が、どの順番でやるのか、「**航海図**」として示されると、顧客もどんどんやる気になっていくのです。

ページ9 わかりやすい価格の提示

価格については、シンプルにわかりやすく提示しましょう。
「詳細応相談」「別途お見積もり」など価格の明示をしないのは、百害あって一利なしです。

いくらになるのかわからない不安と、はっきり明示しないことへの不信感が募るだけです。

また、価格の提示については、テーマや商品・サービスごとに、わかりやすい「**場合分け**」をしてください。
複雑な料金体系は、考えるのもイヤになるものです。

価格帯は、内容によって「**松竹梅**」の３パターンを提示するのがいいでしょう。

「松竹梅」の差は何なのか、「**量による違い**」なのか、「**質による違い**」なのか、こちらも明確にする必要があります。

　また、「**割引前提の価格設定**」や、「**大幅な割引が可能に見える価格設定**」は、そもそもの元の価格についての不信感を煽るだけです。

　常に大幅割引をしている会社の商品・サービスを正価で買いたいと思う人はいるでしょうか？

　むしろ正価で買うこと自体が、損をした気分になってしまいます。

「**価格についての信頼感**」を損ねないためにも、安易に割引をしない考え方が正しい道です。

　キャンペーンとしての展開では、ある程度インパクトある割引提示が必要ですが、通常の価格交渉の場合は、**いきなり「半額」「３割引」ではなく、５％刻みで交渉をする**くらいのほうが、こちらが提示する価格に対しての信頼感を得ることができ、結果として割引率が低く済むケースが多くなります。

ページ10 「今だけ」「あなただけ」の限定特典の提示

　全体として「顧客の成功物語」をしっかりと説明できたなら、最後のひと押しとして、「**今だけ**」「**あなただけ**」の限定特典を提示しましょう。

「今だけ」「あなただけ」しか購入できない。

「今だけ」「あなただけ」特別割引がある。

「今だけ」「あなただけ」特別サービスが付与される。

　何らかの形で、顧客の背中をグッと押しましょう。

　誰かに背中を押して欲しい、と考える顧客は決して少なくはないのです。

また、購入後も顧客は、「**自分の購買行動が正しかったかどうか**」の安心感、満足感を得たいと強く願っています。

この特別特典は、購入後の顧客の安心感、満足感を満たす重要な仕掛けとなります。

ページ11　裏表紙

最後に、顧客からの自社への連絡窓口を明確に提示しましょう。
ちょっとしたことでも連絡を頂けるような、「気軽さ」と「アクセス手段の容易さ（ユーザビリティ）」がポイントになります。

顧客へのお礼の言葉や、メッセージも差し込むことが可能です。
オリジナリティのある、顧客の心を鷲掴みにするような、裏表紙をつくりましょう。

〈営業提案書〉

5. あきらめず繰り返し営業する

営業は「断られてからがスタート」です。
断られるのには、様々な「原因」があります。

- 商品・サービスに競争力がない
- 他社の商品・サービスのほうが優れている
- 自社の信頼感がない
- 営業担当者の信頼感がない
- 顧客の会社の方針と合っていない
- 顧客の会社の担当者の方針と合っていない
- 顧客の会社の担当者の能力不足
- 顧客の会社の担当者の情報不足
- 顧客の会社の担当者の好み
- 顧客の会社の担当者の気分

　今回、なぜ断られたのか、しっかりと「原因」を把握することから始めましょう。

　断られた「原因」が明確にわからなければ、顧客に聞けばいいのです。教えて頂けたら、何をどう変えれば成約できるのかも聞いてしまいましょう。
「原因」が明確になったら、ただただ、その課題を解決すべく行動あるのみです。

　時には、オブラートに包んで答えたり、あるいは本当の原因をいってくれないことがあるかも知れません。
　その場合でも、顧客としっかりと向き合い、真剣に話を聞いたら、本当の理由、原因を大まかには把握できるものです。

　まずは**「原因」の正確な把握が全て**だとしっかりと認識しましょう。

「原因」が明らかになったなら、すぐに対策を練りましょう。

　あなたの会社、商品・サービスに問題があるのなら、根本から改善していくしかありません。

　説明の仕方が悪かったのなら、新たな説明の仕方、トークスクリプト（台本）を整理すればいいのです。

　顧客の会社の方針と合っていないなら、待てばいいのです。

　いつまでも方針が変わらないとはいえません。

　顧客の会社の担当者は変わるものです。

　ずっと担当者が同じということは、あまりありません。

　担当者が変わった瞬間に、今までと全く違う動きになることはよくあることです。

　担当者の異動のタイミングがどういった周期なのかは、ヒアリングして必ず把握しておきましょう。

　とにかく、営業は長期戦で考えるものです。

　一度断られたくらいで、あきらめてはもったいない。

「あきらめたらそこで試合終了です」

　常に捲土重来を期して、少なくとも３ヶ月に一度くらいはご機嫌伺いと近況報告ができるように、関係性だけはしっかりとつくっておきましょう。

　決してあきらめずに、粘り強く、しつこい営業マインドを持ちましょう。

　それは、「新規事業開発」の成功にとって、非常に重要な考え方なのです。

営業・業務提携で事業を加速する

第11章

277

「成功する業務提携」の 3つのポイント

　最後に、「業務提携・コラボレーション」の進め方について学んでいきましょう。
　営業について解説した本はありますが、なかなか「業務提携・コラボレーション」の進め方について解説している本はありません。

　私は、自ら起業し上場させたスタートアップ企業でも、東京電力、三井物産、博報堂、吉本興業ほかの名だたる大企業から出資をして頂き、またコラボレーションもトヨタ自動車、パナソニック、みずほ銀行、三井不動産、サントリー、コカ・コーラ、NTTドコモ、キユーピー、リクルートなど日本を代表する大企業とご一緒させて頂いてきました。
　今では大企業とスタートアップ企業のコラボレーションは珍しくはありませんが、今から25年近く前の2000年代初めには、大企業と一緒にプロジェクトを進めるスタートアップ企業は、まだあまりありませんでした。

　私は現在も、多くのスタートアップ企業と大企業とのオープンイノベーションプログラムや共同新規事業のお手伝いを、現役バリバリでしていますので、25年近くこの分野の第一線で経験を積み上げてきた、まさにベテランプレイヤーです。

　大企業の「新規事業開発」担当者や、スタートアップ企業の経営者が、「業務提携・コラボレーション」について苦手意識を持っていることが残念でなりませんし、**大企業とスタートアップ企業のコラボこそが日本の未来にとって重要**だと確信しているので、そのコツやポイントについて、皆さんにお教えしたいと思います。

> ## 「業務提携・コラボレーション」の3つの成功のポイント

1. 相手に与えられるメリット（Give）を考える

　スタートアップ企業が大企業と向かい合う時には、大企業の持つ知名度や店舗網、流通網、お金を利用したいという気持ち（**Take**）がついつい優先してしまいます。

　業務提携の提案書を見ても、スタートアップ企業が大企業に対して何を与えられるのか（**Give**）、どんな素晴らしい未来を一緒に創ることができるのか、なぜ自分たちならそれができるのか、説得力を持ってしっかりと説明できていません。

「業務提携・コラボレーション」の成功のコツは、お互いの得意分野を活かして、相手のことを想いながら「一緒に成功する物語」を創っていく共同作業をするのだという覚悟です。

「業務提携・コラボレーション」は「結婚」のようなものなのです。

　まずは隠し事なく、お互いを知り合うことが大切です。

　お互いが描く未来の姿、夢を共有し、それぞれの価値基準や考え方を粘り強く共有していかねばなりません。

　しっかりと相手を観察し、共に歩める確信を持って、ようやく共に帆を進めていくのです。

　自社の得になることだけの提案者（Taker）よりも、自社と一緒にやればこんないいことが起こると語る提案者（Giver）のほうが魅力的に見える、これは至極当然のことなのです。

2.「明確なゴール」と「期限」を決める

　明確なゴールが設定できないとプロジェクトは空中分解してしまいます。ゴールと期限、そのステップが現実的に、具体的に検討されている提案には乗りやすいものです。

「業務提携・コラボレーション」の提案では必ず、**いつまでに何をどんなステップで一緒に達成できるのか**、できるだけ具体的に、明確に示しましょう。

　また、コラボレーションしたい大企業の中期計画などはしっかり読み込んで、その大きな戦略や方針に則った提案をすると成功確率はグンと上がります。

3.「経営参謀（ファシリテーター）」を活用する

「業務提携・コラボレーション」においては、最初から「経営参謀（ファシリテーター）」を活用することも成功の近道です。

　大企業とスタートアップ企業の違い、強み、事業の未来、両社の役割分担、バランスを意識しながら、両社の成功のために動いてくれる「経営参謀（ファシリテーター）」が関われば、アポイントまでの時間も短縮できますし、プロジェクト開始後のコミュニケーションも円滑に進むので、事業の成功確率は格段に上がります。

「業務提携提案書」の作成、提案方法の指南を受け、「**ミーティングの同席**」「**共同事業推進のファシリテーション**」までサポートしてもらえれば、完璧です。

― おわりに ―
本書を読んでくださった全ての皆さんに

　皆さん、ここまで共に学んで頂き、ありがとうございました。
「新規事業開発」について、今すぐ使えるノウハウを、順を追ってステップごとに、「理論と実践」を織り交ぜて説明してきました。
　いかがでしたか？

　「新規事業開発」について、私以上に成功も失敗も数多く経験している人間はなかなかいないと自負しておりますので、ぜひ本書をうまくご活用頂けたらと思います。

　「新規事業開発」をやれといわれても、途方もなく広いテーマですし、しかもビジネスマンとしての「戦闘力そのもの」を問われる極めて難しいテーマですから、最初は戸惑われることと推察いたします。

　ですが、本書で一歩ずつステップに分けて学んでいくと、「できる手応え」を感じて頂けたのではないかと思います。
　ぜひ、自信を持って進んでください。

　かなりわかりやすく説明させて頂いたつもりですが、「新規事業開発」には繊細なニュアンスがあるので、１回読んだだけでは完全に理解することは難しいと思います。

　言葉の定義もそれぞれの頭の中で違う面もありますし、ステップや手法についてもイメージできる限界がそれぞれ違っているからです。

　ぜひ、何度も何度も繰り返し読んでみてください。
　毎回、新たな発見があると思います。

さて、本書の目次を再度確認してみてください。

「新規事業開発」には、非常に幅広いビジネスの知識と経験が必要になることが、よく理解して頂けると思います。

　そうなんです。「新規事業開発」は、ビジネスの総合力、戦闘力、精神力が問われる「総合格闘技」のようなものなのです。

　つまり「新規事業開発」担当者だけが学ぶものではなく、全てのビジネスマンが学ぶべき、基礎的かつ重要なテーマなのです。

　また、「新規事業開発」については、「理論と実践」「企業内起業とスタートアップ企業」でのそれぞれ違いが大きく、まとめるのがなかなか難しい分野でした。

　経営コンサルタントや大学教授は「体系化・言語化」は得意ですが、切った張ったという経営の「実戦経験」がありません。

　経営者は「実戦経験」は豊富ですが、「体系化・言語化」が得意ではありませんでした。

　また、「企業の新規事業開発担当者」と「スタートアップ企業の経営者」は考え方、経験、見えている世界、イメージする未来像が全く違うために、共通言語での説明が困難でした。

　本書は初心者でもわかるように、どんな立場の人にとっても役立つ、実戦経験に基づいた理論としてまとめました。

　日本は人口減少社会に入っているので、「新規事業開発」によって、新たな飯のタネを生み出さなければ、国力は必ず落ちてしまいます。

「新規事業開発」こそが、未来の日本を変える希望なのです。

「新規事業開発」の能力のある人材が増えていかないと、新たな日本を創り出すことは不可能です。

「新規事業開発」の能力を持った人を日本中に増やし、未来の日本を

明るくするために、私がこれからやろうと考えていることは、大きくは3つです。

1．日本のビジネスマン全てに、「新規事業開発」の能力が身に付けられる学びの仕組みを提供し、「ビジネス戦闘力」を急上昇させる

2．経営者を支える士業やコンサルタントなどの方々に「新規事業開発」の能力を伝授し、彼らが「経営参謀」として経営者を支えていく仕組みを構築する

3．子供や中高生にも「新規事業開発」について学ぶ機会をつくり、早くから起業家マインドを持った自ら行動できる「未来人材」を増やす

　具体的には、東京都認定インキュベーション施設のサクラサク https://sakurasaku.bz　を活用して、

① 企業内起業家とスタートアップ企業の経営者が共に学べるプログラムを通じて、新たな「新規事業」を生み出す成功事例をつくる

② 士業やコンサルタントなどに向けた「経営参謀養成講座」を展開し、経営者の経営力向上を間接的にサポートする

③ 3歳から学べる「新規事業開発」プログラムを展開し、子供から中高生までの「新規事業開発」の教育を促進していく

ぜひ、皆さんのお力をお貸しください。
共に日本を**強くて優しい国**にしていきましょう。

　最後までお付き合い頂き、本当にありがとうございました。
「新規事業開発」の実践の場でまたお会いしましょう‼

謝　辞

『実施する順に解説！「新規事業開発」実践講座』の出版にあたり、本当に多くの皆様にご協力頂きました。改めて御礼申し上げます。

　本書にて事例として取り上げさせて頂き、また日頃より大変お世話になっている皆様をご紹介させて頂きます（順不同）。

株式会社セブン＆アイ・ホールディングス 代表取締役 伊藤順朗様
キッコーマン株式会社 代表取締役 茂木修様、同取締役 松山旭様
濵田酒造株式会社 代表取締役 濵田雄一郎様
株式会社識学 代表取締役 安藤広大様、同取締役 梶山啓介様

　私のスタートアップ企業向け投資・育成の応援団長でもある、日本を代表する投資家の谷家衛様

「新規事業開発」において、ご一緒させて頂いている大企業、中小企業、スタートアップ企業の全ての皆様に、心より感謝申し上げます。

講演依頼やお仕事のご相談はお気軽に下記 SNS よりご連絡ください。

山崎伸治(やまさき　しんじ)

カリスマ経営参謀。大阪生まれ、京都大学経済学部卒。日本長期信用銀行、世界的戦略コンサル会社ベイン＆カンパニーを経て、シニアマーケットの専門会社を創業。株式上場、上場廃止を経験。
現在は、有名大企業の経営顧問を15社歴任。スタートアップ企業25社に投資、上場支援を実施。東京・原宿エリアで東京都認定インキュベーション施設サクラサクを運営し、多くの起業家の指導・育成を行なっている。論理的でわかりやすく具体的、視座の高い新たな発想の経営指導は、「異次元コンサル」と称され、カリスマ経営参謀として人気を博している。京都大学、九州大学ほか多くの大学で新規事業開発・起業に関する講義・講演を行なうほか、ビジネスプランコンテストの審査員としても活躍。浄土真宗僧侶の慈友(じゆう)という顔もある。
YouTube「僧侶社長チャンネル」のナビゲーターとしてビジネス情報を発信中。
主な著書に『「都市型シニア」マーケットを狙え!』(日本経済新聞社)、『シニア世代の心をつかむ7つの法則』『「団塊の世代」は月14万円使える!?』(以上、青春出版社)がある。

東京都認定インキュベーション施設　サクラサク
http://sakurasaku.bz

YouTube「僧侶社長チャンネル」
https://www.youtube.com/@presidentmonk

実施する順に解説！「新規事業開発」実践講座

2024年11月10日　初版発行

著　者　山崎伸治 ©S.Yamasaki 2024
発行者　杉本淳一

発行所　株式会社日本実業出版社　東京都新宿区市谷本村町3−29 〒162-0845
　　　　編集部 ☎03-3268-5651
　　　　営業部 ☎03-3268-5161　　振　替　00170-1-25349
　　　　　　　　　　　　　　　　　https://www.njg.co.jp/

印　刷／堀内印刷　　製　本／共栄社

本書のコピー等による無断転載・複製は、著作権法上の例外を除き、禁じられています。
内容についてのお問合せは、ホームページ（https://www.njg.co.jp/contact/）もしくは書面にてお願い致します。落丁・乱丁本は、送料小社負担にて、お取り替え致します。

ISBN 978-4-534-06145-4　Printed in JAPAN

日本実業出版社の本

下記の価格は消費税（10%）を含む金額です。

実施する順に解説！
「マーケティング」
実践講座

本書は現場ですぐにマーケティングを実施できるように、現場で起きる課題の順番に、何をすればいいかを具体的に解説した一冊。マーケティングを実践する順に、市場調査、ネーミング、価格決定、流通チャネルなどまでを網羅、解説した決定版！

弓削 徹・著
定価 2200 円（税込）

最速で結果を出す
「SNS動画マーケティング」
実践講座

SNS 後発組でも間に合う！ SNS の各動画の手法や、動画とその他 SNS を"掛け合わせた"戦略を解説。「ショート／ロング動画の使い分け」「ライブ（ライブコーマス含む）」「コミュニティづくり」「高単価商品の売り方」等の全技術を紹介した決定版！

天野裕之・著
定価 2420 円（税込）

会議の成果を最大化する
「ファシリテーション」
実践講座

リピート率９割の「すごい会議」公式コーチが本番の冒頭５分、意見の引き出し・まとめ・決定、クロージングを進行に沿って解説。事前準備を詳しく、会議間のブリーフィング、進捗会議の重要性、さらにグラフィック技術、オンライン会議等も説明する！

大野 栄一・著
定価 2200 円（税込）

定価変更の場合はご了承ください。